만만하게 시작하는
**왕초보 영어회화**
| 일상편 |

## 만만하게 시작하는
## 왕초보 영어회화 일상편

2016년 6월 20일 초판 인쇄
2016년 6월 25일 초판 발행

지은이 이서영
발행인 손건
편집기획 김상배, 홍미경
마케팅 이언영
디자인 김선옥
제작 최승용
인쇄 선경프린테크

발행처 **LanCom** 랭컴
주소 서울시 영등포구 영신로 38길 17
등록번호 제 312-2006-00060호
전화 02) 2636-0895
팩스 02) 2636-0896
홈페이지 www.lancom.co.kr

ⓒ 이서영 2016
ISBN 979-11-87168-17-1    13740

이 책의 저작권은 저자에게 있습니다. 저자와 출판사의 허락없이
내용의 일부를 인용하거나 발췌하는 것을 금합니다.

일상생활에 가장 많이 쓰이는 기본회화 단숨에 따라잡기

# 만만하게 시작하는
# 왕초보 영어 회화 일상편

이서영 지음

## 이 책의 특징

이 책은 '사용할 수 있는 회화'라는 기준을 두고 실제 상황에서 자연스럽게 쓸 수 있는 표현만을 엄선하였습니다. 누구나 배우기 쉽고 또 배운 표현을 통해 다양한 응용이 가능하도록 구성이 되어 있습니다.

### 1  주제별로 익히는 상황표현

회화가 일어날 수 있는 다양한 상황들을 13가지 주제로 분류하였습니다. 길을 묻거나 식사를 주문하거나 전화를 받는 '일상생활'의 필수 표현을 수록하여 어떤 상황에서도 쉽게 적용할 수 있습니다.

### 2  확장과 응용이 쉬운 내용 선별

이 책은 기본을 익히면 충분히 응용할 수 있는 내용을 선별하여, 상대방이나 상황의 자연스런 흐름을 예상하면서 읽다보면 영어로는 '이렇게 말하면 되는구나' 하는 감각이 저절로 생기게 됩니다.

### 3  같은 우리말 의미에 다양한 영어 표현 수록

어떤 상황에서 사용할 수 있는 영어 표현을 한 가지만 알고 있

다면 회화가 단조롭고 지루해질 수 있습니다. 이 책은 상황과 자신의 기분 혹은 상대방에 따라 다양한 표현을 골라 쓸 수 있습니다. 외국인이 어떤 표현을 쓰더라도 빨리 이해하고 응답할 수 있기 위해서는 다양한 영어 표현을 익히고 연습해 두어야 합니다.

### 4  회화의 감을 높일 수 있는 대화문과 미니설명

단순히 많은 표현을 싣기보다는 표현 하나하나를 정확히 익힐 수 있는 데 중점을 두었습니다. 생생한 대화문을 수록하여 표현의 정확한 쓰임을 파악할 수 있고, 또 뉘앙스 설명이나 팁을 실어 같은 의미라도 어느 표현이 적합한지 판단할 수 있는 감을 기를 수 있습니다. 우리와는 많이 다른 미국 문화에 대한 정보나, 설명이 더 필요한 문장에 대해 단어나 유의어 표현 등을 추가하였습니다.

### 5  본문 녹음 mp3파일 제공

원어민의 정확한 발음을 익힐 수 있는 음성 파일을 랭컴 출판사 홈페이지(www.lancom.co.kr)에서 제공합니다. 본서의 표현들을 꼼꼼히 학습하신 후 음성 파일을 계속 반복 청취하시다보면 자연스런 발음과 표현력, 듣기 능력을 향상시킬 수 있습니다.

# Contents

### Unit 01 계절과 날씨
계절 .................................................. 11
춘하추동의 기온 ................................ 15
날씨가 좋을 때 .................................. 19
날씨가 좋지 않을 때 .......................... 21
날씨를 물을 때와 일기예보 ............... 23

### Unit 02 시간
시간 .................................................. 27
시계와 관련된 표현 ........................... 31
요일·연월일을 말할 때 ...................... 33

### Unit 03 가족
가족관계 ........................................... 39
형제자매 ........................................... 41
부모·조부모 ...................................... 42

### Unit 04 외모
키와 체중 .......................................... 47
얼굴과 용모 ...................................... 50
신체의 특징 ...................................... 53

### Unit 05 성격
성격 .................................................. 56
좋은 성격을 나타낼 때 ...................... 61
좋지 않은 성격을 나타낼 때 ............. 63

## Unit 06 약속

- 약속할 때 ... 67
- 상대방의 형편을 물을 때 ... 69
- 약속장소를 정할 때 ... 72
- 약속을 수락할 때 ... 74
- 약속을 거절할 때 ... 76
- 일정이 확실하지 않을 때 ... 79

## Unit 07 식사

- 커피나 차를 마실 때 ... 82
- 커피숍에서 ... 85
- 커피숍에서의 대화 ... 86
- 음식의 맛과 기호 ... 88
- 음식을 권할 때 ... 91
- 아침식사·점심식사·저녁식사 ... 95
- 식당에 들어갈 때 ... 101
- 식사를 주문할 때 ... 102
- 웨이터와의 대화 ... 108
- 술을 권할 때 ... 109
- 바나 선술집에서 ... 112
- 술자리에서의 대화 ... 114
- 지불할 때 ... 116
- 담배에 대해서 ... 118

## Unit 08 쇼핑

상점에서 물건을 고를 때 ..................... 125
찾는 물건이 없을 때 ..................... 129
가격 흥정과 지불 ..................... 131
백화점 ..................... 135
모자점·제화점 ..................... 138
슈퍼마켓 ..................... 140
야채가게·과일가게 ..................... 143
정육점 ..................... 146
생선가게 ..................... 147
빵가게·제과점 ..................... 149

## Unit 09 전화

전화를 걸 때 ..................... 153
상대방이 부재중일 때 ..................... 157
걸려온 전화를 받을 때 ..................... 159
찾는 사람이 부재중일 때 ..................... 163
잘못 걸려온 전화를 받았을 때 ..................... 168

## Unit 10 교통기관

택시를 이용할 때 ..................... 172
버스를 이용할 때 ..................... 174
열차를 이용할 때 ..................... 177
렌터카를 이용할 때 ..................... 179
운전할 때 ..................... 180
주유·고장·사고 ..................... 183

길을 물을 때 ........................................ 186
길을 가르쳐 줄 때 ................................ 188
길을 가르쳐 줄 수 없을 때 .................. 193
역이나 차 안에서 .................................. 194

## Unit 11 취미와 여가

취미에 대해서 ........................................ 198
여가활동 .................................................. 201
스포츠 ...................................................... 204
여러 가지 스포츠 .................................. 211
독서·신문·잡지 .................................... 213
텔레비전 .................................................. 216
음악·영화·연극 .................................... 219

## Unit 12 은행과 우체국

은행에서 .................................................. 226
우체국에서 .............................................. 230

## Unit 13 건강과 병원

건강을 물을 때 ...................................... 234
감기에 걸렸을 때 .................................. 237
상대방을 걱정하는 말 .......................... 242
의원·종합병원 ...................................... 244
의사에게 증상을 설명할 때 ................ 247
아픈 곳을 말할 때 ................................ 251
약을 살 때 .............................................. 254

# 01 계절과 날씨

**Which season do you like best?**
위치 씨즌 두 유 라익 베슷

**I like spring best.**
아이 라익 스프링 베슷

마땅한 화제거리가 없을 땐 무조건 날씨 얘기로 시작해 봅시다. 상대가 누구건 지역이 어디건 어색한 분위기를 깨는 데 날씨 얘기만한 게 없거든요. Hot day, isn't it?(참 덥죠?) What a lovely day!(날씨 참 근사하네요.) Very cloudy, isn't it?(날씨가 많이 흐리죠?) 날씨별로 기본 표현을 외워 두고 대답도 Yes, it is.(그러네요.) It's fine.(맑아요.) I hope it keeps like this.(이런 날씨가 계속 되면 좋겠어요.) 몇 개 준비해서 상황에 따라 단어만 바꿔주면 끝!

## 계절

- 어느 계절을 가장 좋아하세요?

**Which season do you like best?**
위치 씨즌 두 유 라익 베슷

- 이곳의 봄을 좋아하세요?

**How do you like the spring here?**
하우 두 유 라익 더 스프링 히어

A Which season do you like best?
B I like spring best, but I like every season here in Korea.

어느 계절을 가장 좋아하세요?
봄을 가장 좋아해요. 그런데 한국에서는 4계절 모두 좋아해요.

→ 4계절은 spring, summer, autumn, winter라고 하는데 미국에서는 가을을 주로 fall이라고 한다.

- 완연한 봄 날씨죠?

**This is real spring weather, isn't it?**
디쓰 이즈 리얼 스프링 웨더 이즈닛

- 다시 봄이 와서 기쁘군요.

**I'm so happy it's spring again.**
아임 쏘 해피 잇츠 스프링 어게인

- 매화는 며칠 후면 만개할 겁니다.

**The plum blossoms will be in full bloom in a few days.**
더 플럼 브라썸스 윌 비 인 풀 블룸 이너 퓨 데이즈

## 01 계절과 날씨

- 벚꽃은 지금이 가장 보기 좋습니다.

  **The cherry blossoms are at their best now.**
  더 체리 블라썸스 알 앳 데얼 베슷 나우

- 여름휴가를 기다리고 있습니다.

  **I'm looking forward to the summer vacation.**
  아임 룩킹 풔워드 투 더 썸머 버케이션

- 장마철입니다.

  **We're now in a rainy season.**
  위어 나우 이너 레이니 씨즌

  '장마'는 the wet season which starts in the middle of June and lasts till the end of July(6월 중순에 시작되어 7월말까지 계속되는 우기)라고 설명할 수 있다.

- 이런 무더운 날씨에는 맥을 못 추겠죠?

  **This muggy weather is depressing, isn't it?**
  디쓰 머기 웨더리즈 디프레씽, 이즈닛

- 장마가 끝나서 기뻐요.

  **I'm so glad the rainy season is over.**
  아임 쏘 글래드 더 레이니 씨즌 이즈 오버

- 천둥소리 들려요?

  **Can you hear the thunder?**
  캔 유 히어 더 썬더

- 밤에 소나기가 내릴지 몰라요.

  **We may have a shower in the evening.**
  위 메이 해버 샤워 인 디 이브닝

**Real Talk**
A  I wish it wasn't so hot!
B  It's not that bad. It was much hotter last year.
A  Was it? I hope it won't get hotter than last year.

이렇게 덥지 않으면 좋겠는데!
그렇게 더운 게 아니에요. 작년에는 훨씬 더 더웠어요.
그랬어요? 작년보다 덥지 않으면 좋겠네요.

- 오늘의 불쾌지수는 얼마입니까?

## What's today's discomfort index?
왓스 투데이즈 디스컴포트 인덱스

'열대야'는 글자대로 "tropical night"이라고 한다.

- 태풍이 오고 있습니다.

## A typhoon is on its way.
에이 타이푼 이즈 온 잇츠 웨이

## There's a typhoon coming in.
데어즈 어 타이푼 커밍 인

'내일 이 지역에 태풍이 올지도 모릅니다.'는 This area may be hit by a typhoon tomorrow.라고 한다.

- 홍수 피해가 없기를 바랍니다.

## I hope there'll be no damage by floods.
아이 호프 데어일 비 노 데미쥐 바이 플루즈

- 가을 날씨는 변덕이 심합니다.

## The weather in autumn is very changeable.
더 웨더 인 어텀 이즈 베리 체인저블

## 01 계절과 날씨

- 단풍이 들었습니다.

    **The leaves have turned completely red.**
    더 리브즈 햅 턴드 컴플리틀리 렛

- 버섯을 따고 단풍을 보면서 즐겁게 지냈습니다.

    **We had a good time picking mushrooms and viewing maple trees.**
    위 해더 굿 타임 픽킹 머쉬룸스 앤 뷰잉 메이플 트리스

- 어제 밤에 서리가 내렸어요.

    **There was a frost last night.**
    데어러즈 어 프로스트 라슷 나잇

    **Real Talk**
    A  I think we're in for a cold winter.
    B  Yes, I think you're right. The long-range forecast says it's going to be cold, at any rate.

    추운 겨울이 될 것 같아요.
    동감입니다. 어쨌든 장기 일기예보도 춥겠다고 해요.

    → we're in for ~는 '~을 어차피 경험할 수밖에 없다, 당하지 않을 수 없다'

- 눈이 올 것 같은데요.

    **I'm afraid it's going to snow.**
    아임 어프레이드 잇츠 고잉 투 스노우

- 밖에 눈이 조금 오고 있어요.

    **It's snowing just a little bit outside.**
    잇츠 스노잉 저스터 리틀 빗 아웃사이드

- 첫눈이죠, 그렇지 않습니까?

    **This is the first snow (fall of the season), isn't it?**
    디쓰 이즈 더 풔숫 스노우 (폴 옵더 씨즌), 이즈닛

- 점점 봄이 오고 있다고 생각하지 않으세요?

    **Don't you think the weather's getting more like spring?**
    돈츄 씽크 더 웨더스 게팅 모어 라익 스프링

## 춘하추동의 기온

- 따뜻하지요?

    **Nice and warm, isn't it?**
    나이스 앤 웜, 이즈닛

- 포근한 날씨지요?

    **Quite mild, isn't it?**
    콰잇트 마일드, 이즈닛

- 오늘 포근하지요?

    **It's balmy today, isn't it?**
    잇츠 바미 투데이 이즈닛

- 이런 계절에 따뜻한 날씨네요.

    **It's fairly warm for this time of the year.**
    잇츠 페어리 웜 풔 디쓰 타임 옵더 이어

- 점점 따뜻해지는군요.

    **It's getting warmer and warmer, isn't it?**
    잇츠 게팅 워머 앤 워머, 이즈닛

## 01 계절과 날씨

> **Real Talk**
> A  I hope it'll get warmer soon.
> B  Oh, I'm sure it will. The weatherman on TV said that February and March will be exceptionally warm.
>
> 빨리 따뜻해지면 좋겠어요.
> 예, 그럴 겁니다. 텔레비전 일기예보에서 2~3월은 예년 같지 않게 따뜻할 거라고 했어요.

■ 덥죠?

**It's very warm, isn't it?**
잇츠 베리 웜, 이즈닛

**Hot day, isn't it?**
핫 데이, 이즈닛

■ 정말 덥죠?

**Terribly hot, isn't it?**
테러블리 핫, 이즈닛

■ 푹푹 찌죠?

**(It's) Scorching hot, isn't it?**
(잇츠) 스콜칭 핫, 이즈닛

**(It's) Steaming hot, isn't it?**
(잇츠) 스티밍 핫, 이즈닛

**(It's) Boiling hot, isn't it?**
(잇츠) 보일링 핫, 이즈닛

■ 오늘도 덥겠어요.

**It's going to be another hot day.**
잇츠 고잉 투 비 어나더 핫 데이

- 정말 무더운 날씨죠?

## It's very muggy, isn't it?
잇츠 베리 머기 이즈닛

'무더운'은 muggy, sultry 등. 한국의 여름 무더위를 설명할 때는 hot and humid, hot and damp, hot and sticky 등의 표현을 쓴다. 만원인 차 안이나 통풍이 안 되는 방에서 '후덥지근하다'라고 할 때는 stuffy를 쓰는 것이 보통이다.

A  Is it all right to open the window? It's terribly stuffy in here.
B  Yes, sure.

창문을 열어도 되겠습니까? 후덥지근해서요.
예, 그러세요.

- 더위는 괜찮습니다만, 습기에는 맥을 못 추겠어요.

## I don't mind the heat, but the humidity gets me.
아이 돈트 마인드 더 힛, 벗 더 휴미디티 겟츠 미

- 땀에 젖었습니다.

## I'm drenched with sweat.
아임 드렌치드 위드 스윗

'땀으로 셔츠가 흠뻑 젖었습니다.'는 My shirt is all wet with sweat.이라고 한다.

- 이 더위를 참을 수 없습니다.

## This heat is unbearable.
디쓰 힛 이즈 언베어러블

## I can't stand this heat.
아이 캔트 스탠드 디쓰 히트

## This heat tells on me.
디쓰 힛 텔스 온 미

## 01 계절과 날씨

- 서늘하죠?

**Nice and cool, isn't it?**
나이스 앤 쿨, 이즈닛

- 이 지역은 대체로 서늘합니다.

**It's usually nice and cool in this area.**
잇츠 유쥘리 나이스 앤 쿨 인 디쓰 에어리어

- 점점 서늘해지죠?

**It's getting cooler, isn't it?**
잇츠 게팅 쿨러, 이즈닛

- 약간 쌀쌀해졌죠?

**It's turned a bit chilly, hasn't it?**
잇츠 턴더 빗 칠리, 해즌팃

- 추워졌죠?

**It's turned cold, hasn't it?**
잇츠 턴드 콜드, 해즌팃

- 꽤 쌀쌀하죠?

**It's pretty chilly, isn't it?**
잇츠 프리티 칠리, 이즈닛

- 정말 춥네요, 그렇지 않아요?

**I'm freezing, aren't you?**
아임 프리징, 안츄

A What's the temperature?
B It's below zero.

기온이 어떻게 되죠?
영하예요.

→ 온도는 It's eighteen degrees. '18도입니다.' 처럼 말한다. Celsius 또는 centigrade(섭씨)와 Fahrenheit(화씨)가 있는데 0℃ = 32℉라고 기억해 두면 편리하다.

A  Is it cold in England in (the) winter?
B  Yes, of course, it is. You should take the same kind of clothes you would wear in Korea.
영국의 겨울은 추워요?
물론이에요. 한국에서 입는 옷을 가지고 가세요.

## 날씨가 좋을 때

■ 날씨가 좋지요?

### (It's a) Nice day today, isn't it?
(잇쳐) 나이스 데이 투데이, 이즈닛

### (It's a) Lovely day today, isn't it?
(잇쳐) 러블리 데이 투데이, 이즈닛

### (It's a) Beautiful day today, isn't it?
(잇쳐) 뷰티플 데이 투데이, 이즈닛

### Nice and sunny today, isn't it?
나이스 앤 써니 투데이, 이즈닛

날씨가 좋을 때 쓸 수 있는 표현 fine, fair, clear, nice, lovely, good, perfect, splendid, beautiful, marvelous, wonderful, pleasant, glorious, ideal, delightful 등

■ 예, 정말 그렇군요.

### Yes, it is, isn't it?
예쓰, 이리즈, 이즈닛

### Yes, it certainly is.
예쓰, 잇 써튼리 이즈

## 01 계절과 날씨

**Yes, it sure is.**
예쓰, 잇 슈어리즈

**Yes, indeed.**
에쓰, 인디드

Yes, it's very nice, isn't it?이라고 응답할 수도 있다.

> **Real Talk**
> A  It's a lovely day, isn't it?
> B  Yes, it is, (isn't it?).
>    날씨가 아주 좋죠, 그렇죠?
>    그렇군요.

■ 화창한 아침이죠?

**A beautiful morning, isn't it?**
어 뷰티풀 모닝, 이즈닛

**It's a lovely morning, isn't it?**
잇처 러블리 모닝, 이즈닛

■ 화창한 날씨네요!

**What a lovely day!**
왓처 러블리 데이

**What a beautiful day!**
왓처 뷰티풀 데이

■ 계속 이러면 좋겠어요.

**I hope it keeps like this.**
아이 호프 잇 킵스 라익 디쓰

■ 날이 개어서 기쁩니다.

**I'm glad it's turned out nice.**
아임 글래드 잇츠 턴드 아웃 나이스

**Real Talk**

A Beautiful weather for a change, isn't it?
B Yes, it is. I was beginning to think the rain would never end!

기분 전환하기 아주 좋은 날씨죠, 그렇죠?
그렇군요. 비가 그치지 않을 거라고 생각했어요.

■ 고요한 밤이군요!

### What a calm evening!
왓처 캄 이브닝

■ 오늘 밤은 별이 아름답다고 생각지 않으세요?

### The stars are beautiful tonight, don't you think?
더 스타즈 알 뷰티풀 투나잇, 돈츄 씽크

## 날씨가 좋지 않을 때

■ 지독한 날씨죠?

### Terrible weather, isn't it?
테러블 웨더, 이즈닛

### Awful weather, isn't it?
어플 웨더, 이즈닛

### Nasty weather, isn't it?
네스티 웨더, 이즈닛

terrible, awful(지독한), nasty(험악한)는 좋지 않은 날씨를 말할 때 lovely의 반대 의미로 쓰인다. 이외에 horrible, dreadful(끔찍한) 등도 사용된다.

날씨가 좋지 않을 때 쓸 수 있는 표현 nasty, bad, terrible, awful, dreadful, horrible, shocking, miserable(불쾌한), dim(흐린), dull(우중충한), gloomy(음울한)

## 01 계절과 날씨

**Real Talk**

A Nasty day, isn't it?
B Yes, it's awful, isn't it?

험악한 날씨죠?
네, 지독하지요?

A Isn't this weather awful?
B It sure is.

날씨가 험악하지 않아요?
정말 그래요.

A Not very nice, is it?
B No, it's terrible, indeed.

날씨가 별로 좋지 않죠?
예, 정말 험악하군요.

→ 이런 경우 no라고 맞장구 하는 것에 주의할 것

---

■ 비가 또 올 것 같은데요.

### It looks as if it's going to rain again.
잇 룩스 애즈 이프 잇츠 고잉 투 레인 어게인

■ 이런 날씨에 질렸어요.

### I'm sick of this weather.
아임 씩 옵 디쓰 웨더

### I'm tired of this weather.
아임 타이어드 옵 디쓰 웨더

### I'm fed up with this weather.
아임 페덥 위드 디쓰 웨더

### I've had enough of it.
아이브 해드 이너프 오빗

**I can't stand this (kind of) weather any more.**
아이 캔트 스탠드 디쓰(카인돕) 웨더 애니 모어

- 오늘은 좀 춥지요?

**A bit cold today, isn't it?**
어 빗 콜드 투데이, 이즈닛

- 아주 흐리지요?

**Very cloudy, isn't it?**
베리 클라우디, 이즈닛

- 바람이 꽤 심하지요?

**Rather windy, isn't it?**
래더 윈디, 이즈닛

- 비가 심하게 내리지요?

**Raining hard, isn't it?**
레이닝 하드, 이즈닛

## 날씨를 물을 때와 일기예보

- 오늘 날씨는 어떻습니까?

**How's the weather today?**
하우즈 더 웨더 투데이

**What's the weather like today?**
왓스 더 웨더 라익 투데이

- 오늘 밤 날씨는 어떨까요?

**How'll the weather be this evening?**
하우일 더 웨더 비 디쓰 이브닝

## 01 계절과 날씨

### What'll the weather be like this evening?
왓일 더 웨더 비 라익 디쓰 이브닝

■ 오늘 일기예보는 어떻습니까?

### What's today's forecast?
왓스 투데이즈 풔캐스트

### What's the weather forecast for today?
왓스 더 웨더 풔캐스트 풔 투데이

### What does the weatherman say the weather's going to be like?
왓 더즈 더 웨더맨 쎄이 더 웨더즈 고잉 투 비 라익

'일기예보'는 the (weather) forecast 또는 the weather report라고 한다. 세 번째 문장은 '기상캐스터는 날씨를 어떻게 말하고 있습니까?'라는 것

■ 신문의 일기예보는 뭐라고 나있어요?

### What does the paper say the weather's going to be like?
왓 더즈 더 페이퍼 쎄이 더 웨더즈 고잉 투 비 라익

A Will the weather be good tomorrow?
B Oh, I'm not sure about that. I haven't seen the weather forecast yet.

내일은 날씨가 좋을까요?
잘 모르겠는데요. 아직 일기예보를 보지 못했어요.

■ 봐요. 일기예보를 하고 있어요. 들어보고 내일 갈 곳을 결정합시다.

### Look, here's the forecast. Let's listen and then decide where to go tomorrow.
룩, 히어즈 더 풔캐스트. 렛츠 리슨 앤드 댄 디싸이드 웨어 투 고 터머로우

24

Look!은 상대방의 주의를 끄는 말

- 일기예보에서는 가끔 흐리지만 맑겠다고 합니다.

**The forecast says it'll be fair but occasionally cloudy.**

더 풔캐스트 쎄즈 이릴 비 페어 벗 어케이셔널리 클라우디

The forecast report says ~. 또는 The weatherman says ~. 등도 같은 말이다. '흐리고 가끔 비가 오겠다.'는 It'll be cloudy with occasional rain.으로 일기예보에서는 occasional, occasionally 등의 표현을 자주 쓴다.

- 오늘 일기예보에 따르면 오전에는 흐리고 오후에는 비가 올 것이라고 합니다.

**According to the weather forecast for today, it'll be cloudy in the morning and rainy in the afternoon.**

어코딩 투 더 웨더 풔캐스트 풔 투데이,
이릴 비 클라우디 인 더 모닝 앤 레이니 인 디 앱터눈

- 여기 한국 날씨는 어때요?

**How do you like the weather here in Korea?**

하우 두 유 라익 더 웨더 히어린 코리어

- 고향의 날씨는 어때요

**How's the climate in your country?**

하우즈 더 클라이멧 인 유어 컨츄리

- 요즘 날씨는 변덕이 심한 것 같지 않아요?

**Don't you think the weather has been changeable recently?**

돈츄 씽크 더 웨더 해즈 빈 체인저블 리센틀리

'잘 변하는'은 changeable 또는 uncertain(불안정한, 알 수 없는)이다.

# 02 시간

What's the date?
왓스 더 데잇

It's March (the) third.
잇츠 마치 더 써드

시간, 날짜, 요일, 연월 등 때에 관한 기본 표현은 언제 어디서든 입에서 바로 나올 수 있도록 익혀두어야 해요. 그만큼 자주 많이 쓰고 꼭 필요한 거니까요. 시간을 물을 때는 What time is it now?(지금 몇 시죠?), 요일을 물을 때는 What day is it today?(오늘이 무슨 요일이죠?), 날짜를 물을 때는 What date is it today?(오늘은 며칠이죠?), 월을 물을 때는 What month is it?(몇 월이죠?) 이건 정말 기본 중의 기본! 연습만이 살 길이라 생각하세요~~

## 시간

- **지금 몇 시입니까?**

  **What time is it now?**
  왓 타임 이즈 잇 나우

  **What time do you have?**
  왓 타임 타임 두 유 햅

  **Can you tell me the time?**
  캔 유 텔 미 더 타임

  **May I ask you the time?**
  메이 아이 애스큐 더 타임

  **Do you have the time?**
  두 유 햅 더 타임

  **What's the time?**
  왓스 더 타임

  마지막 두 문장은 격의 없이 쓸 수 있는 표현. 정중하게 시간을 물을 때는 Could you tell me the time?이나 Would you mind telling me the time?이라고 한다.

- **8시 5분입니다.**

  **It's eight five.**
  잇츠 에잇 파이브

  **It's eight O-five.**
  잇츠 에잇 오우-파이브

  **It's five minutes past eight.**
  잇츠 파이브 미니츠 패스트 에잇

  O는 [ou]라고 발음한다. 미국에서는 It's five after eight.이라고도 한다. 미국에서는 8시 5분전을 It's five before eight. 또는 It's five (minutes) of eight.이라고 한다.

**Real Talk**
A  What's the correct time?
B  It's ten twenty-three.

정확히 몇 시죠? / 10시 23분입니다.

## 02 시간

→ '10시 23분 46초'는 Now, It's exactly twenty-three minutes and forty-six seconds past ten o'clock.이라고 한다.

■ 11시 15분입니다.

### It's eleven fifteen.
잇츠 일레븐 피프틴

### It's a quarter past eleven.
잇처 쿼터 패슷 일레븐

### It's a quarter after eleven.
잇처 쿼터 애프터 일레븐

A  I'm feeling a bit hungry. What time is it?
B  Quarter to twelve. Shall we go and get some lunch?
A  Yes, good idea.

배가 좀 고픈데 지금 몇 시죠?
12시 15분전이에요. 점심 먹으러 나갈까요?
좋아요.

■ 정각 정오입니다.

### It's just noon.
잇츠 저슷 눈

### It's midday.
잇츠 미드데이

A  Do you usually have lunch this early?
B  Do you think it's early? It's already after twelve.

항상 이렇게 일찍 점심을 드세요?
일찍이라고요? 벌써 12시가 지났어요.

- 2시 조금 지났습니다.

   **It's a little past two.**
   잇처 리틀 패숫 투

- 시간은 3시 반입니다.

   **The time is half past three.**
   더 타임 이즈 하프 패숫 쓰리

   **The hour is three thirty.**
   디 아워 이즈 쓰리 써티

- 4시쯤 돌아올게요.

   **I'll be back around four o'clock.**
   아일 비 백 어라운드 풔 오클락

- 5시가 다 됐어요.

   **It's close to five.**
   잇츠 클로우즈 투 파이브

- 15분 일찍 퇴근해도 되겠습니까? 공항에 아버지를 마중하러 가야 해서요.

   **Can I leave fifteen minutes early, please?
   I've got to meet my father at the airport.**
   캔 아이 리브 피프틴 미닛츠 어얼리, 플리즈
   아이브 갓 투 밋 마이 파더 앳 디 에어폿

- 이제 가야 할 시간이에요.

   **It's about time to go.**
   잇츠 어바웃 타임 투 고

- 시간이 별로 없어요.

   **Time is running out.**
   타임 이즈 러닝 아웃

## 02 시간

■ 저녁 10시까지 귀가하지 않으면 안 돼요.

### I'm always due home by ten o'clock in the evening.
아임 올웨이즈 듀 홈 바이 텐 어클락 인 디 이브닝

### I have to be home by ten o'clock at the latest.
아이 햅 투 비 홈 바이 텐 어클락 앳 더 레이티슷

'늦어도 10시까지는 귀가해야 한다.'라고 할 경우 curfew(야간외출금지)라는 단어를 쓸 필요는 없다.

■ 자정이 가까워졌습니다.

### It's getting near midnight.
잇츠 게팅 니어 미드나잇

### It's getting close to midnight.
잇츠 게팅 클로우즈 투 미드나잇

> **Real Talk**
> A  You look very tired today. What time did you get to bed last night?
> B  The same time as usual; at about 1:30.
>
> 피곤해 보이네요. 어제 몇 시에 주무셨어요?
> 평소와 같이 1시 반쯤 잤어요.

■ 업무는 9시에 시작합니다.

### I start work at nine (in the morning).
아이 스타트 웍 앳 타임 (인 더 모닝)

'9시부터'는 from nine이라고 하지 않고 at nine을 쓴다. a.m.(오전), p.m.(오후)도 알아두자.

**Real Talk**

A How long does it take to get to work?
B It takes about two hours.
A Two hours! It's a waste of time, isn't it?
B Yes, it certainly is.

출근시간이 얼마나 걸려요? / 약 2시간 정도 걸려요.
2시간이라고요! 시간 낭비 아닌가요? / 네, 그래요.

## 시계와 관련된 표현

- 내 시계는 11시입니다.

### It's eleven o'clock by my watch.
잇츠 일레븐 어클락 바이 마이 워치

### My watch says (it's) eleven.
마이 워치 쎄즈 (잇츠) 일레븐

'텔레비전 시보로는 ~'은 The time signal on TV says ~라고 한다.

- 내 시계는 정확합니다.

### My watch is correct.
마이 워치 이즈 커렉트

### My watch keeps good time.
마이 와치 킵스 굿 타임

'늦지도 빠르지도 않다.'는 It neither gains nor loses.

- 거의 늦은 적이 없습니다.

### My watch hardly ever runs down.
마이 와치 하들리 에버 런스 다운

## 02 시간

- 내 시계는 쿼츠시계입니다.

### Mine is a quartz clock.
마인 이저 쿼츠 클락

- 당신 시계는 좀 빠른 것 같은데요.

### I'm afraid yours is a little fast.
아임 어프레이드 유얼시즈 어 리틀 패슷

- 이 시계는 단 몇 초밖에 늦지 않아요.

### This watch is only a few seconds slow.
디쓰 워치 이즈 온리 어 퓨 세컨즈 슬로우

- 제 시계가 고장난 것 같은데요.

### Something seems to be wrong with my watch.
썸씽 심스 투 비 렁 위드 마이 워치

- 제 디지털시계에는 스톱워치가 있습니다.

### My digital watch has a stopwatch.
마이 디지털 워치 해저 스탑워치

A  Why didn't you come this morning?
B  I wish I had. I set my alarm clock to seven, but it didn't go off.

왜 오늘 아침에 오지 않았죠?
오려고 했어요. 알람시계를 7시에 맞춰 놓았는데 울리지 않았어요.

→ 알람시계가 울렸다면 The alarm went off at seven.이라고 한다.

## 요일·연월일을 말할 때

■ 오늘은 며칠입니까?

**What is today's date?**
왓 이즈 투데이즈 데잇

**What's the date today?**
왓스 더 데잇 투데이

**What's today's date?**
왓스 투데이즈 데잇

■ 오늘은 무슨 요일입니까?

**What day is it today?**
왓 데이 이즈 잇 투데이

**What's today?**
왓스 투데이

**What day of the week is it today?**
왓 데이 옵더 윅 이즈 잇 투데이

 A   What day is it today?
B   It's Wednesday.

오늘이 무슨 요일이죠? / 수요일이에요.

→ Today's Wednesday.라고 해도 좋다.

A   What's the date?
B   It's March (the) third.

몇 월 며칠이죠? / 3월 3일이에요.

→ 날짜는 What date is it today?라고도 물을 수 있다. '2007년 8월 15일 월요일입니다.'는 Today is Sunday, August (the) fifteenth in 2007. 이라고 한다. 요일을 날짜 앞에 쓰는 것이 일반적이다.

A   When's your birthday?

## 02 시간

B (My birthday is) January (the) twenty-eighth.
생일이 언제죠? / 1월 28일이에요.

→ 생일을 물을 때는 What date's your birthday?라고도 한다.

A We're off to Busan tomorrow.
B That sounds great. When will you be back?
A The day after (tomorrow). We're only going for the weekend.

저희 내일 부산으로 떠나요.
좋겠군요. 언제 돌아오죠?
모레요. 주말을 보내러 가는 것뿐이니까요.

→ (on) Friday evening(금요일 밤)에 떠나서 (on) Sunday evening or (on) Monday morning(일요일 밤 또는 월요일 아침)에 돌아오는 weekend를 즐기는 방법

A When were you born?
B I was born in 1979.

몇 년생이죠? / 1979년생이에요.

---

■ 이번 주말까지 마칠까 했는데 못 끝낼 것 같아요.

# I'm supposed to finish it by this weekend, but I don't think I'll be able to.

아임 써포우즈드 투 피니쉬 잇 바이 디쓰 위켄드, 벗 아이 돈트 씽크 아일 비 에이블 투

A The boss says he wants us to finish all this in a couple of weeks.
B What? He must be joking.

사장님이 2~3주 안으로 이걸 모두 끝내라고 하십니다.
뭐라고요? 농담이시겠죠.

→ 이때는 for가 아니라 in을 쓴다.

A When do the exams start?
B In the middle of January: the seventeenth, I think.

시험이 언제부터죠?
1월 중순 17일 경 같은데요.

→ '상순'은 at the beginning of January, '하순'은 at the end of January

 일주일 뒤 목요일 그러니까 28일이군요.

## (It'll be) A week on Thursday. That's the 28th.
(이럴 비) 어 윅 온 써즈데이. 댓스 더 투웬티 에잇쓰

'오는 목요일'을 나타내는 next Thursday 또는 this coming Thursday와 구별해서 정확하게 말하는 표현이다.

 마감은 6월 말입니다.

## The deadline is the end of June.
더 데드라인 이즈 디 앤 옵 쥰

**Real Talk**

A What date's the tennis tournament?
B Well, it's scheduled for November 2nd, but if it rains it'll be held on the following day.

테니스 시합은 며칠이죠?
11월 2일 예정인데요, 비가 오면 다음 날로 연기돼요.

**Words Plus**

### 날짜 표현

가령 2007년 6월 15일의 경우를 예로 들면 미국과 영국의 말하는 법과 표기법이 다르다.

### 미국

· 표기할 때 **6/15/07** 또는 **June 15, 2007**
· 말할 때 **June fifteenth, two double o seven**

## 02 시간

**영국**

· 표기할 때 15.6.07 15th June 2007
또는 15/6/07 June 2007

· 말할 때 the fifteenth of June, two double o seven

June the fifteenth, two double o seven

**요일**

- 일요일 Sunday
- 화요일 Tuesday
- 목요일 Thursday
- 토요일 Saturday
- 월요일 Monday
- 수요일 Wednesday
- 금요일 Friday

**월**

- 1월 January
- 3월 March
- 5월 May
- 7월 July
- 9월 September
- 11월 November
- 2월 February
- 4월 April
- 6월 June
- 8월 Augus
- 10월 October
- 12월 December

**빈도 표현**

| | |
|---|---|
| · 매일 | everyday |
| · 매일 오전 9시에 | at nine o'clock everyday |
| · 격주로 토요일에 | every other Saturday |
| · 월 5회 | five times a month |
| · 금요일 1시부터 5시까지 | from one to five on Friday |

**시간**

- 1:05 **one-oh-five**
- 1:10 **one-ten**
- 1:30 **one-thirty**
- 1:45 **one-forty-five**
- 15:00 **three in the afternoon**
- 21:00 **nine at night**
- 0:00 **twelve midnight**

'정각 2시에'는 exactly at two(just at two)라고는 하지 않는다.

# 03 가족

Are you the eldest?
알 유 더 엘디스트

No, I'm not.
노 아임 낫

현대인에게 프라이버시가 아무리 중요하다고 해도 사람들을 만나고 알아가는 과정에서는 서로 살짝살짝 신상을 털어주고 털려주는 센스가 필요하죠? 일단 가족관계부터 시작하는 게 좋겠어요. 좀 식상하긴 해도 무난하잖아요. How many people are there in your family?(가족은 몇 분이세요?) Do you have any brothers and sisters?(형제자매는 있어요?) How many children do you have?(아이는 몇이에요?) 자기 상황에 맞는 대답을 미리 준비해 두었다가 누가 물어보면 기계적으로 척척!

## 가족관계

- 가족이 어떻게 되십니까?

### How many are there in your family?
하우 매니 알 데어린 유어 패밀리

### How large of a family do you have?
하우 라쥐 오버 패밀리 두 유 햅

> **Real Talk**
>
> A  How many people are there in your family?
> B  There are five (in my family).
>
> 가족이 몇 분이세요? / 5명입니다.
>
> → How big is your family?라고 물을 수도 있다.
>
> A  How's your family? I hope they're well.
> B  Oh, they're all fine, thanks. How's yours?
>
> 가족들은 어떻게 지내세요? 모두 잘 지내시죠?
> 덕분에 잘 지내고 있어요. 고마워요. 당신 가족은요?
>
> → How are your family?도 틀리지는 않지만 회화에서는 How's your family?라고 하는 것이 보통이다. '당신 가족은 어떠세요?' 라고 되물을 때는 How about yours? 또는 What about yours?라고 할 수도 있다.

- 대가족입니다.

### I come from a big family.
아이 컴 프럼 어 빅 패밀리

### My family is large.
마이 패밀리 이즈 라쥐

'소가족' 이면 small을 쓴다. many나 few가 아니라 large, small을 쓴다는 것에 주의할 것

## 03 가족

- **7인 가족으로 부모님, 할아버지, 형이 둘, 누이가 하나, 그리고 접니다.**

**There are seven people – my parents, grandfather, two brothers, one sister and myself.**
데어라 세븐 피플 – 마이 페어런츠, 그랜드파더, 투 브라더스, 원 씨스터 앤 마이셀프

- **이 개도 가족이에요.**

**This dog is a member of my family.**
디쓰 독 이저 멤버 옵 마이 패밀리

- **가족과 함께 자주 외출하세요?**

**Do you often go out with your family?**
두 유 오픈 고 아웃 위듀어 패밀리

- **부인의 성함은 어떻게 되세요?**

**May I ask your wife's name?**
메이 아이 애스큐어 와입스 네임

A  Are you the oldest child?
B  No, I'm not. I'm the second oldest son.

당신이 장남입니까? / 아니에요. 둘째입니다.

→ '장녀'는 the oldest daughter, '막내'는 the youngest child라고 한다. 그런데 영어에서 '(가족 중) 몇 째입니까?'라고 묻는 경우는 아주 드물다. 예를 들면 Where do you fall in your family?라는 질문은 어색하다.

## 형제자매

- 당신은 몇 째입니까?

### Which child are you?
위치 촤일드 알 유

- 당신이 맏이입니까?

### Are you the eldest?
알 유 디 엘디스트

- 우리 집은 3형제입니다.

### There are 3 boys in our family.
데어라 쓰리 보이즈 인 유어 패밀리

A  Do you have any brothers and sisters?
B  No, I don't have any. I'm an only child.
형제는 몇 분이세요? / 없어요. 저는 독자예요.

→ '독자' 는 I'm the only child in the family.라고 해도 된다.

A  How many brothers and sisters do you have?
B  I have two brothers and one sister.
형제는 몇 분이세요? / 형이 2명 누이가 1명 있어요.

→ I have ~.는 숫자 속에 말하는 사람 본인은 포함되지 않지만, There are ~.는 말하는 사람 본인도 포함한다. in my family는 같이 살고 있는 가족을 가리키는 것이 보통이다. '형은 있지만 누이는 없습니다.' 는 I have a brother, but no sister.라고 한다. 한국과 같이 '형' 과 '남동생' 이나, '누나' 와 '여동생' 을 구별하는 경우는 드물지만 필요한 경우에는 my older·elder· brother(형) 또는 my younger sister(여동생)로 구별한다. 회화에서는 my big brother, my little sister, my baby sister라고 하는 것이 보통이다.

A  Do any of your brothers or sisters work?
B  Yes. My oldest brother works for a trading company.

## 03 가족

직장에 다니는 형제분이 계세요?
예. 큰형이 무역회사에서 일하고 있어요.

A How old is your brother?
B He's two years younger than me.
동생은 몇 살이죠?
저보다 2살 아래예요.

---

- 주로 형과 놀았습니다.

**I used to play mainly with my brother.**
아이 유숫 투 플레이 메인리 위드 마이 브라더

- 우린 쌍둥이예요.

**We are twins.**
위 알 트윈스

## 부모·조부모

- 부모님과 함께 사세요?

**Do you live with your parents?**
두 유 리브 위듀어 패어런츠

- 아버님은 어떤 일에 종사하세요?

**What business is your father in?**
왓 비즈니스 이즈 유어 파더린

- 할머니는 연세가 어떻게 되세요?

## How old is your grandmother?
하우 올드 이즈 유어 그랜드마더

A How old are your parents?
B My father is sixty. He's my mother's senior by two years.

부모님의 연세는 어떻게 되세요?

아버지는 60살이신데 어머니보다 2살 많으세요.

→ '2살 많다'는 He's two years older than my mother.이라고 해도 좋다.

- 내일 부모님이 고향에서 제 아파트에 오실 거예요.

## My parents are coming from my hometown to see my apartment here.
마이 패어런츠 알 커밍 프롬 마이 홈타운 투 씨 마이 아파트먼트 히어

'이 근처를 관광시켜 드리려고 생각하고 있어요.'는 I'm thinking of taking them sightseeing around here.

- 가족을 만나러 얼마나 자주 고향에 가세요?

## How often do you go back home to see your family?
하우 오픈 두 유 고 백 홈 투 씨 유어 패밀리

- 1년에 한 번 추석이나 신년 휴가에 가족을 만나러 고향에 갑니다.

## I go home to see my family once a year: during the "Chusuk" or the New Year holidays.
아이 고 홈 투 씨 마이 패밀리 완스 어 이어: 듀어링 더 "추석" 오어 더 뉴 이어 할러데이즈

'추석이 무엇입니까?'라고 물으면 It's a Thanksgiving Day held in fall. We welcome the spirits of our ancestors who are believed to have returned

## 03 가족

home.(가을에 있는 추수감사절인데, 가족에게 돌아오리라고 믿어지는 조상의 혼을 맞이하는 것입니다.), 또는 A lot of people working in big cities take advantage of this series of holidays to go back to their hometown.(도시에서 일하는 많은 사람들이 연휴를 이용해서 귀향합니다.)이라는 등으로 한국의 관습에 관한 설명을 하면 좋다.

- **아버지는 퇴직하셨고 어머니는 슈퍼마켓에서 파트타임으로 근무하십니다.**

### My father is retired, and my mother works part-time at a supermarket.
마이 파더리즈 리타이어드, 앤 마이 마더 웍스 파트타임 앳 어 슈퍼마켓

- **어머니는 홀로 되셔서 제가 모시고 있습니다.**

### My mother is a widow, and I'm the one who has to look after her.
마이 마더리저 위도우, 앤 아임 더 원 후 해즈 투 룩 앱터 허

---

**Real Talk**
A  Are your grandparents still alive?
B  Yes, they are.

조부모님은 생존해 계세요?
예. 생존해 계십니다.

→ '할아버지, 할머니'를 친근하게 부르는 말이 grandpa, grandma이다. '손자(녀)'는 grandchild, grandchildren 또는 grandson(s), granddaughter(s)라고 한다.

---

- **할아버지는 다음 달 미수(88세)를 맞이하십니다.**

### My grandfather will celebrate his eighty-eighth birthday next month.
마이 그랜드파더 윌 셀러브레잇 히즈 에이티-에잇쓰 버쓰데이 넥스트 먼쓰

'회갑을 맞이하다'는 He's going to celebrate his 60th birthday.이다. '희수(77세), 백수(99세)'도 같은 식으로 표현할 수 있다.

**Real Talk**

A  Do you have any relatives living in Korea?
B  No, I have none. But one of my cousins is coming to Korea in September.

한국에 친척이 계십니까?
아뇨, 없어요. 사촌 하나가 9월에 한국에 올 겁니다.

→ uncle(아저씨), aunt(아주머니), nephew(조카), niece(질녀), father-in-law(장인, 시아버지) 등도 알아두자.

# 04 외모

What's your height?
왓스 유어 하잇

I'm rather tall.
아임 래더 톨

우리나라 사람들은 상대방의 외모에 대해 대놓고 말하는 걸 대수롭지 않게 생각하는 경향이 있지만 사실 서구 사회에서는 절대 금기사항이랍니다. 실수로라도 상대방의 외모를 폄하하는 발언은 절대 안 된다는 것, 잊지 마세요. 그래도 너무 괜찮은 사람을 보면 칭찬이 저절로 나오는 법! You're very beautiful.(아름다우시군요.) You're very handsome.(미남이시군요.) 옷 잘 입는 사람에게는 I like your style.(옷 스타일이 마음에 드는군요.)라고 한 마디 해주면 대화는 저절로 부드럽게 풀릴 거예요.

## 키와 체중

■ 키가 얼마입니까?

**What's your height?**

왓스 유어 하잇

■ 저는 키가 약간 작습니다.

**I'm a little short.**

아임 어 리틀 숏

> **Real Talk**
> A How tall are you?
> B I'm one meter seventy-four centimeters tall.
>
> 키가 얼마세요? / 174센티미터입니다.
>
> → I'm one hundred (and) seventy-four centimeters tall.이라고 해도 된다. 미국인들은 I'm five feet nine inches tall.(5피트 9인치입니다.)이라고 한다.

■ 키가 큰 편입니다.

**I'm rather tall.**

아임 래더 톨

■ 동생은 다리가 깁니다.

**My little brother has long legs.**

마이 리틀 브라더 해즈 롱 레그즈

■ 그는 표준체형입니다.

**He's of medium height and weight.**

히즈 옵 미디움 하잇 앤드 웨잇

**He's a man of medium build.**

히즈 어 맨 옵 미디엄 빌드

47

## 04 외모

즉, He's neither fat nor thin.(그는 뚱뚱하지도 마르지도 않았다.)이라는 의미이다.

**Real Talk**
A How much do you weigh?
B I weigh sixty-two kilograms.
   체중이 얼마세요? / 62킬로그램이에요.
   → 미국인들은 주로 '137파운드입니다.' 로 I weigh one hundred (and) thirty seven pounds.라고 한다. 체중은 How much do you weigh? 또는 What do you weigh?라고 묻고, 대답은 I weigh 70 kilos.나 I'm 70 kilos.라고도 한다.

■ 그녀는 키가 크고 말랐습니다.
### She's tall and slender.
쉬즈 톨 앤 슬랜더

■ 그는 키가 크고 아주 말랐습니다.
### He's tall and lanky.
히즈 톨 앤 랭키

■ 체중이 좀 늘었습니다.
### I've gained some weight.
아이브 게인드 썸 웨잇

### I've put on a little weight.
아이브 풋 온 어 리틀 웨잇

■ (체중이) 3킬로그램 줄었습니다.
### I've lost three kilograms.
아이브 로슷 쓰리 킬로그램스

■ 5파운드 줄었습니다.
### I've slimmed down five pounds.
아이브 슬림드 다운 파이브 파운즈

'체중이 늘다'는 gain weight, put on weight, '체중이 줄다'는 lose weight이라는 표현을 쓴다. '뚱뚱하다'는 fat, '말랐다'는 thin, lean, slender 등으로 나타낸다.

**Real Talk**

A  What do you weigh?
B  Well, I weigh sixty-five kilos, but I'm sure I've gained at least five kilos since I quit smoking.

체중이 얼마세요? / 저, 65킬로였는데 금연을 하고나서 5킬로 쪘어요.

- 살이 좀 찐 것 같아요.

### I'm afraid I'm a little overweight.
아임 어프레이드 아임 어 리틀 오버웨잇

만일 키와 비교해 봐서 적당한 체중이라면 I'm the average weight for my height. (적당한 표준 체중입니다.)이라고 하면 된다.

- 운동부족으로 살이 좀 쪘습니다.

### I've gained a bit of weight through lack of exercise.
아이브 게인더 빗 옵 웨잇 쓰루 랙 옵 엑서사이즈

- 살이 좀 빠졌지요?

### You've lost a bit of weight, haven't you?
유브 로슷 어 빗 옵 웨잇, 해븐츄

- 그는 아주 말랐습니다.

### He's very thin, nothing but skin and bone.
히즈 베리 씬, 나씽 벗 스킨 앤 본

## 04 외모

- 내 여동생은 통통하지만 귀여운 편이에요.

    **My little sister's plump, but she's lovely all the same.**
    마이 리틀 시스터즈 플럼프, 벗 쉬즈 러블리 올 더 세임

- 다이어트를 해서 살을 빼려고 해요.

    **I'm trying to slim down by going on a diet.**
    아임 트라잉 투 슬림 다운 바이 고잉 오너 다이엇

    '다이어트하다'는 go on a diet, '다이어트 중이다'는 I'm on a diet.라고 한다. 체형을 설명하는 표현에는 야위다 thin / 보통이다 average / 뚱뚱하다 overweight / 키가 작다 short / 키가 크다 tall 등이 있다.

### 얼굴과 용모

- 그의 얼굴은 계란형입니다.

    **His face is oval.**
    히즈 페이스 이즈 오뷀

- 그녀의 얼굴은 좀 둥근 편입니다.

    **Her face is rather round.**
    헐 페이스 이즈 래더 라운드

    '둥근 얼굴'은 a round face, '넓적한 얼굴'은 a flat face라고 한다.

- 그는 단정합니다.

    **He's handsome.**
    히즈 핸썸

    handsome은 남성에게 '얼굴이 잘생긴'이라는 의미이고, 여성에게는 '용모가 아름다운, 품위 있는'이라는 의미가 된다. good-looking, nice-looking은 남녀 모두에게 사용할 수 있는 표현이다.

- 그녀는 아주 매력적입니다.

### She's such an attractive woman.
쉬즈 써치 언 어트렉팁 우먼

- 그녀는 귀엽지요?

### She's cute, isn't she?
쉬즈 큣, 이즌트 쉬

lovely(예쁜), pretty/fair/beautiful(아름다운), comely(잘생긴), ugly(추한), plain-looking(못생긴) 등도 알아두자. '평범한'은 average-looking이다.

- 그녀는 화장을 항상 짙게 해요.

### She's always wearing heavy makeup.
쉬즈 올웨이즈 웨어링 해비 메이컵

- 그녀는 얼굴이 하얗습니다.

### She has a fair complexion.
쉬 해저 페어 컴플렉션

'피부색이 희다.'는 She's fair-skinned. 반대로 '피부색이 검다.'는 She's dark-skinned.라고 한다. '햇볕에 탔습니다.'는 He's (sun-) tanned. 또는 He's sunburnt.

- 그는 이마가 넓어요.

### He has a broad forehead.
히 해저 브러드 풔해드

'이마가 좁다.'는 He has a narrow forehead.

- 저는 머리가 짧아요.

### I have short hair.
아이 햅 숏 헤어

### I have my hair clipped short.
아이 햅 마이 헤어 클립트 숏

## 04 외모

- 그녀의 긴 검은 머리가 부럽군요.

  **I envy her for her long dark hair.**
  아이 앤비 헐 풔 헐 롱 다크 헤어

- 그녀는 짧은 곱슬 금발머리예요.

  **She has short curly blonde hair.**
  쉬 해즈 숏 컬리 블런드 헤어

  '금발'은 남자에게는 blond, 여자에게는 blonde라고 하며, '거무스름한 머리'는 brunette이라고 한다.

- 동생은 머리가 덥수룩합니다.

  **My brother has disheveled hair.**
  마이 브라더 해즈 디셔블드 헤어

  **My brother's hair is always messy.**
  마이 브라더스 헤어 이즈 올웨이즈 메씨

- 나 머리 스타일 바꿨어.

  **I've changed my hair style.**
  아이브 체인지드 마이 헤어 스타일

- 요즘 흰머리가 나기 시작했어요.

  **My hair has begun to turn gray recently.**
  마이 헤어 해즈 비건 투 턴 그레이 리센틀리

  '머리가 벗어지고 있다.'는 I'm thin on top. '대머리'는 a bald(-headed) man이라고 한다.

- 키가 크고 턱수염이 긴 저 분은 누구시죠?

  **Who is that tall gentleman with the long beard?**
  후 이즈 댓 톨 젠틀맨 위드 더 롱 비얼드

  남성의 '콧수염'은 mustache, '턱수염'은 beard, '구레나룻'은 whiskers이다. '(턱)수염을 기르려고 한다.'는 I'm trying to grow a beard. '수염을 깎았다.'는 I'm clean-shaven.이라고 한다.

## 신체의 특징

- **당신은 어머니를 많이 닮았네요.**

**You look very much like your mother.**
유 룩 베리 머취 라익 유어 머더

> **Real Talk**
> A What does your father look like?
> B It's hard to describe him, but I'll try.
> 아버님은 어떻게 생기셨어요? / 설명하기 힘들지만 해 볼게요.
> → 사람의 특징을 묘사·설명하는 것은 describe이다.

- **아버지는 어깨가 넓고 떡 벌어지셨습니다.**

**My father is stout with broad shoulders.**
마이 파더리즈 스타웃 위드 브러드 숄더스

'민틋하게 내려온 어깨'는 sloping shoulders, '떡 벌어지고 올라간 어깨'는 square shoulders, '목이 긴·짧은·'은 a long·short· neck이라고 한다.

- **안경을 끼셔서 전형적인 대학교수처럼 보입니다.**

**He wears glasses and looks like a typical university professor.**
히 웨어즈 글래씨즈 앤 룩스 라이커 티피컬 유니버씨티 프로페셔

'사업가 타입'은 He looks like a typical businessman.

- **가슴, 허리, 엉덩이 사이즈를 가르쳐 주시겠습니까?**

**Would you tell me your chest, waist and hip measurements?**
우쥬 텔 미 유어 체숫, 웨이스트 앤 힙 메저먼츠

여성의 '가슴(즉 유방)'을 breasts라고 하고, 일반적으로 '흉부'는 the chest라고 한다.

## 04 외모

- 그녀의 허리선이 아름답다고 생각하지 않으세요?

   **Her waistline is beautiful. Don't you think so?**
   헐 웨이스트라인 이즈 뷰티펄. 돈츄 씽 쏘

- 저는 허리가 가는 여자를 좋아합니다.

   **I like a woman with a slim waist.**
   아이 라이커 우먼 위더 슬림 웨이스트

- 그는 왼손잡이입니다.

   **He's left-handed.**
   히즈 레프트-핸디드

- 그녀는 손발이 비교적 작은 편입니다.

   **She has comparatively small hands and feet.**
   쉬 해즈 컴페러티블리 스몰 핸즈 앤 피트

   '손발'은 hands and feet 또는 limbs이지만 한국어의 '손'은 영어에서 hands(손)와 arms(팔)로 나눌 수 있다. '발'도 영어에서는 legs(다리), feet(발)으로 구분해서 써야 한다.

- 제 팔은 상당히 긴 편입니다.

   **My arms are fairly long.**
   마이 암스 알 페어리 롱

- 저 여자는 각선미가 아름다워서 미니스커트가 잘 어울립니다.

   **That girl has shapely legs, so she looks very good in mini-skirts.**
   댓 걸 해즈 쉐이플리 레그즈, 쏘 쉬 룩스 베리 굿 인 미니-스커츠

   '그녀는 각선미가 아름다워요.'는 Her leg lines are beautiful.

54

# 05 성격

**What kind of person is he?**
왓 카인돕 퍼슨 이즈 히

**He's a very warm guy.**
히즈 어 베리 웜 가이

성격에 관한 표현은 거의 무한대라고 해도 될 정도로 다양해요. 사람마다 제 각각인데다가 같은 성격이라도 표현방식, 보는 관점에 따라서 또 달라지니까요. 하지만 걱정마세요. 일단 기본 표현만 익혀 두면 상황에 따라 단어를 바꾸는 건 일도 아니잖아요? What kind of personality do you think you have?(자신이 어떤 사람이라고 생각하세요?) What type of person is he?(그는 어떤 사람이에요?) / I think I'm introvert.(내성적인 것 같아요.) He's good-humored.(그는 유머가 있어요.)

## 성격

- 자신의 성격을 어떻게 생각하세요?

### What kind of personality do you think you have?
왓 카인돕 퍼슨넬러티 두 유 씽큐 햅

- 무슨 일에나 낙관적입니다.

### I'm optimistic about everything.
아임 업티미스틱 어바웃 애브리씽

I'm basically optimistic; I always try to look on the bright side of things.(기본적으로 낙관적이고 사물을 밝은 쪽으로 보려고 합니다)라고 할 수도 있다.

- 좀 비관적인 성격입니다.

### I'm sort of a pessimist.
아임 소트 오붜 페씨미스트

'낙천적'은 optimistic이고 '낙천적인 사람'은 an optimist, '비관적'은 pessimistic이고 '비관적인 사람'은 a pessimist라고 한다. sort of는 '얼마간, 다소'라는 의미로 He's sort of angry.(화가 좀 난 것 같다.) 처럼 회화에 자주 쓰인다.

A  Do you make friends easily?
B  No, I don't, because I'm shy. I'm not comfortable in the company of strangers.

친구를 쉽게 사귀는 편이세요?
아뇨, 내성적이라서요. 모르는 사람과 함께 있으면 편치 않아요.

- 모르는 사람에게도 말을 잘 건네는 편입니다.

### I'm pretty good at striking up conversations with strangers.
아임 프리티 굿 앳 스트라이킹 업 컨버세이션스 위드 스트레인저스

**Real Talk**

A  Which do you think you are: an extrovert or an introvert?
B  I think I'm a little bit of both.

외향적이세요, 내성적이세요? / 양면이 있는 것 같아요.

→ extrovert(외향적인 [사람]), introvert(내성적인 [사람])는 심리학 용어이다. 양면 모두를 갖춘 성격은 ambivert(양향성격인 [사람])라고 한다.

- 남들은 외향적이라고 하는데 사실은 아주 내성적이에요.

**Everyone thinks I'm an extrovert, but in fact I'm very shy with strangers.**
에브리원 씽스 아임 언 엑스트러버트, 벗 인 팩트 아임 베리 샤이 위드 스트레인저스

- 저도 적극적인지 소극적인지 모르겠어요.

**I'm not really sure whether I'm outgoing or reserved myself.**
아임 낫 리얼리 슈어 웨더 아임 아웃고잉 오어 리저브드 마이셀프

- 그렇게 사교적이지 못해요.

**I'm not really sociable.**
아임 낫 리얼리 쏘시어블

- 전과 비교하면 훨씬 사교적이에요.

**I'm now much more outgoing than I used to be.**
아임 나우 머취 모어 아웃고잉 댄 아이 유스터 비

'사람 사귀는 것을 좋아하고 적극적'인 것을 outgoing, aggressive라고 하고, 반대로 '내성적이고 소극적'인 것은 shy, reserved로 나타낸다.

## 05 성격

- **소극적인 편입니다.**

  **I tend to be withdrawn.**
  아이 탠드 투 비 위더드런

  **I'm fairly reserved.**
  아임 페어리 리저브드

- **형제들과 성격이 아주 다릅니다.**

  **I'm quite different from any of my sisters in character.**
  아임 콰잇 디퍼런트 프럼 애니 옵 마이 씨스터즈 인 캐릭터

- **그는 어떤 분이세요?**

  **What sort of person is he?**
  왓 쏘트 옵 퍼슨 이즈 히

  **What kind of person is he?**
  왓 카인돕 퍼슨 이즈 히

  **What type of person is he?**
  왓 타입 옵 퍼슨 이즈 히

- **마음이 아주 따뜻한 남자예요.**

  **He's a very warm guy.**
  히즈 어 베리 웜 가이

  격의 없는 회화에서는 남자를 man 외에 guy, chap, fellow 등으로 말한다.

- **성실한 여성입니다.**

  **She is a sincere lady.**
  쉬 이저 씬시어 레이디

  여성은 girl, woman, lady라고 하는데, 속어적인 말은 피하는 것이 좋다.

- 그는 유머가 있어서 같이 있으면 즐거워요.

**He's good-humored; a pleasure to be with.**
히즈 굿-유머드; 어 플레져 투 비 위드

- 그들은 좀 괴팍하지만 좋은 사람들입니다.

**They're rather odd, but they're good sorts.**
데얼 래더 어드, 벗 데얼 굿 소츠

다소 격의 없는 표현이다.

>
> A What do you think of her?
> B Oh, she's very nice.
> 그녀를 어떻게 생각해요? / 아주 좋은 사람이에요.

- 머리가 아주 좋은데 게으르다고도 할 수 있어요.

**She's very clever, but she can be a lazy girl.**
쉬즈 베리 클레버, 벗 쉬 캔 비 어 레이지 걸

- 수완은 없지만 아주 근면한 사람입니다.

**She's not exactly witty, but she's extremely hard-working.**
쉬즈 낫 이그젝틀리 위티, 벗 쉬즈 익스트림리 하드-워킹

>
> A I hear you know Minji Park. Of course I've seen her on television, but what's she really like?
> B She's just as you would expect: always cheerful, bright, sociable and kind.
> A Could you introduce me to her sometime?
> 박민지 씨를 아신다고 그러든데, 텔레비전에서 본 적은 있지만 어떤 여자예요?

59

## 05 성격

당신이 생각하는 대로예요. 항상 유쾌하고 밝고 사교적이고 친절하죠.
언제 제게 소개시켜 주실 수 있어요?

A What is Mr. Hall like?
B He's lively, generous and clever.

홀 씨는 어떤 사람이죠?
활달하고 관대하고 영리한 사람이에요.

→ "What is Mr. Hall like?"는 '어떤 사람입니까?' 라는 막연한 질문이므로 He's tall and rather thin.(키가 크고 마른 편입니다.)이라고 대답하는 사람도 있을 수 있다.

■ 글쎄요, 좀 따분한 사람이죠.

### Well, he's rather boring.
웰, 히즈 래더 보링

반대로 '재미있는 사람'이라면 interesting, amusing, good-humored 등으로 말한다.

■ 좀 황당한 사람입니다.

### Oh, he's a little overwhelming.
오우, 히즈 어 리틀 오버웰밍

■ 첫눈에는 조용하고 상냥한 것 같지만 친해지면 그게 아니라는 것을 아시게 될 거예요.

### At first sight he appears to be very quiet and gentle, but you'll find him very different when you get to know him.
앳 퍼숫 사이트 히 어피어스 투 비 베리 콰이엇 앤 잰틀,
벗 유일 파인드 힘 베리 디퍼런트 웬 유 겟 투 노우 힘

- 아주 영리한데 아주 불친절하기도 해요.

  **He's very witty, but he can be extremely unkind.**
  히즈 베리 위티, 벗 히 캔 비 익스트림리 언카인드

- 전에는 비열하고 우울한 사람이었는데 요즘에는 관대하고 유쾌해졌어요.

  **He used to be mean and gloomy, but he's quite open-handed and cheerful these days.**
  히 유스터 비 민 앤드 글루미, 벗 히즈 콰이엇 오픈-핸디드 앤 치어풀 디즈 데이즈

### 좋은 성격을 나타낼 때

- 그의 장점은 유머 감각인 것 같아요.

  **I think his best point is his sense of humor.**
  아이 씽크 히즈 베슷 포인트 이즈 히즈 센스 옵 유머

- 저는 붙임성이 있다고 생각해요.

  **I think I'm amiable.**
  아이 씽크 아임 에이미어블

- 사람들을 잘 웃깁니다.

  **I'm good at making people laugh.**
  아임 굿 앳 메이킹 피플 래프

- 저는 누구와도 잘 지낼 수 있어요.

  **I can cooperate with anybody.**
  아이 캔 쿠어퍼레잇 위드 애니바디

## 05 성격

- 친구들은 제가 아주 유쾌하다고 말합니다.

**My friends say I'm always cheerful.**
마이 프랜즈 쎄이 아임 올웨이즈 치어풀

- 남들은 제가 우호적이고 사려가 깊다고들 합니다.

**People sometimes say I'm friendly and considerate.**
피플 섬타임즈 세이 아임 프랜들리 앤 컨시더럿

- 감성적이고 관대하다고 생각합니다.

**I think I'm both sensitive and big-hearted.**
아이 씽크 아임 보스 센시팁 앤 빅-하티드

- 저는 마음이 좋아서 타인에게 예의를 갖추려고 노력하고 있어요.

**I'm well-meaning and try to be well-mannered toward other people.**
아임 웰-미닝 앤 트라이 투 비 웰-매너드 토워드 아더 피플

여러 가지 말을 이용할 수 있지만 이외에도 '좋은 성격을 나타내는 말'은 많이 있다.

generous(관대한), polite(정중한), tender(상냥한), thoughtful(사려 깊은), sensible(분별 있는), moderate(온건한), agreeable(상냥한), modest(겸손한), patient(참을성이 있는), tolerant(아량이 있는), frank(솔직한), gallant(친절한, 용감한), good-natured(성격이 좋은), graceful(얌전한), noble(기품 있는), unselfish(이기적이지 않은), open-minded(편견이 없는), brave(용감한), bold(대담한) 등.

또한 '머리가 좋다'라는 의미를 나타내는 말에는
bright, smart, clever, intelligent 외에 wise(현명한), sharp(예리한), intellectual(지적인), quick(이해가 빠른), quick-thinking(머리 회전이 빠른) 등이 있으며, creative(창조적인), inventive(창의성이 풍부한), perceptive(지각이 예민한) 외에 '근면'을 나타내는 diligent, hard-working, industrious 등도 있다.

## 좋지 않은 성격을 나타낼 때

- 부주의합니다. 그것이 약점이라고 알고 있습니다.

    **I'm careless. I know that's my weak point.**
    아임 케어러스. 아이 노우 댓스 마이 윅 포인트

- 건망증이 심합니다.

    **I'm very forgetful.**
    아임 베리 풔겟풀

    hasty(성급한), careless(부주의한), scatter-brained(차분하지 않은), fickle(변덕스러운)도 알아 두자.

- 만사를 느리게 하는 경향이 있습니다.

    **I tend to be slow in doing things.**
    아이 텐드 투 비 슬로우 인 두잉 씽즈

    dull(둔한), slow-thinking(머리 회전이 느린), lazy(게으른), stupid(멍청한) 등도 좋지 않은 성격을 나타낸다.

- 저는 말주변이 없어요.

    **I'm afraid I'm a poor talker.**
    아임 어프레이드 아임 어 푸어 토커

- 때때로 수다스럽습니다.

    **I sometimes speak too much.**
    아이 썸타임즈 스픽 투 머취

- 그는 수다스럽고 게다가 제 얘기하는 것만 좋아하죠.

    **He's too talkative, and, what's worse, he only likes to talk about himself.**
    히즈 투 토커티브, 앤, 왓스 워스, 히 온리 라익스 투 톡 어바웃 힘셀프

    He thinks of nothing but his own interests.(자신의 이익만 생각합니다.)라는 selfish(이기적인), egocentric(자기본위의) 등도 미움을 받기 쉬운 성격이다.

## 05 성격

■ 그는 사소한 일에 신경을 쓰는 사람입니다.

### He's very particular about trivial things.
히즈 베리 파티큘러 어바웃 트리비얼 씽즈

peevish(역정을 잘 내는), wicked(심술궂은), ill-natured(성격이 나쁜), eccentric(별난), strange(이상한), peculiar(괴팍한), fussy(까다로운) 등도 호감을 받지 못하는 성격이다.

■ 그녀는 마음이 좁고 고집이 센 것이 결점입니다.

### Her weakness is that she's a bit narrow-minded and obstinate.
허 윅니스 이즈 댓 쉬저 빗 내러우-마인디드 앤 압스티넛

stubborn(완고한), persistent(고집 센), inquisitive(캐묻기 좋아하는), nosy(참견을 잘하는) 등도 바람직하지 않은 성격이다.

■ 제가 우유부단하다는 사람도 있는 것 같습니다.

### Some people seem to think I'm a little indecisive.
썸 피플 씸 투 씽 아임 어 리틀 인디싸이시브

■ 저는 성질이 급해서 사소한 일에 때때로 쉽게 흥분합니다.

### I'm rather short-tempered, and sometimes get easily excited about unimportant things.
아임 래더 숏-템퍼드, 앤 썸타임즈 겟 이즐리 익사이티드 어바웃 언임포턴트 씽즈

impatient(참을성이 없는), irritable(화를 잘 내는), quick-tempered(성급한), hot-tempered(화를 잘 내는) 등도 결점을 나타내는 말이다.

이외에 stingy(인색한), tight-fisted(구두쇠의), cool/cold(냉정한), indifferent(냉담한), unsociable(비사교적인), hostile(적대적인), malicious(악의에 찬), cruel(잔혹한), mean(비열한), small-minded, narrow-minded(마음이 좁은), timid(소심한), pompous(거드름 피우는) 등도 결점을 나타낸다.

- 저는 좀 짓궂은 편입니다.

## I'm rather mischievous.
아임 래더 미스취버스

짓궂은 성격이 반드시 나쁘다고는 할 수 없다. '장난기 많은 남자'를 a naughty boy, '말괄량이 여성'을 a tomboy라고 한다.

# 06 약속

**Could I have a word with you?**
쿠다이 해버 워드 위듀

**Yes, sure.**
예스 슈어

약속을 할 때에는 날짜와 시간, 장소 등을 정확하게 확인하는 것이 좋아요. 특히 말이 서툰 초보자일수록 몇 번이고 확실하게 알아들을 때까지 확인해야 해요. 창피는 잠깐이지만 실수는 영원할 수도 있으니까요! 약속의 표현은 사용 빈도가 아주 높고 정말 실용적인 사항이니까 기본적인 표현은 꼭 마스터하세요.
When would it be convenient for you?(언제가 좋겠습니까?) Where can I meet you?(어디서 만날까요?) Can you make it?(괜찮겠습니까?)

## 약속할 때

- 지금 뵈러 가도 되겠습니까?

    **Could I come (over) and see you now?**
    쿠다이 컴 (오버) 앤 씨 유 나우

    **May I call on you now?**
    메이 아이 콜 온 유 나우

    **Can I drop in to see you?**
    캔 아이 드랍 인 투 씨 유

    **Do you mind if I stop by?**
    두 유 마인드 이프 아이 스탑 바이

- 상의하러 가도 되겠습니까?

    **Could I come and have a talk with you?**
    쿠다이 컴 앤 해버 톡 위듀

    **Could I come over to discuss it?**
    쿠다이 컴 오버 투 디스커스 잇

- 잠깐 얘기하고 싶습니다.

    **I'd like to speak to you for a few minutes.**
    아이드 라익 투 스픽 투 유 풔러 퓨 미닛츠

    **I'd like to have a word with you.**
    아이드 라익 투 해버 워드 위듀

    **I'd like to talk over a few problems with you.**
    아이드 라익 투 톡 오버 퓨 프라블럼스 위듀

- 상의하고 싶은 것이 있습니다.

    **There's something I'd like to talk over with you.**
    데어즈 썸씽 아이드 라익 투 톡 오버 위듀

    **There's something we have to talk about.**
    데어즈 썸씽 위 햅 투 톡 어바웃

# 06 약속

## There's something to talk to you about.
데어즈 썸씽 투 톡 투 유 어바웃

> **Real Talk**
> A  Could I have a word with you?
> B  Yes, sure. Are you free for lunch?
> 잠깐 얘기할 수 있을까요? / 그럼요. 점심시간에 시간이 있어요?

■ 한두 가지 상의할 것이 있는데요. 만날 수 있습니까?
## There are a couple of things we have to talk about. Can we get together?
데어라 어 커플 옵 씽즈 위 햅 투 톡 어바웃. 캔 위 겟 투게더

■ 바쁘시지 않으면 만나 뵙고 싶습니다.
## I'd like to see you if you have time right now.
아이드 라익 투 씨 유 이퓨 햅 타임 롸잇 나우
## I'd like to see you if you aren't too busy now.
아이드 라익 투 씨 유 이퓨 안트 투 비지 나우

'형편이 된다면' 이라고 할 때에는 it's convenient for you/if it's all right with you/ if you are available 등 여러 가지 표현을 쓸 수 있다.

> **Real Talk**
> A  Would it be possible to see you late today?
> B  Yes, of course, but what is it about?
> 오늘 늦게 뵐 수 있을까요? / 물론이에요, 무슨 일이죠?

■ 30분쯤 뒤에 들러도 괜찮겠습니까?
## Do you mind if I stop by in about thirty minutes?
두 유 마인드 이프 아이 스탑 바이 이너바웃 써티 미닛츠

- 다음 주 언제 만나 뵐 수 있겠습니까?

**Could you possibly see me some day next week?**
쿠쥬 파써블리 씨 미 썸 데이 넥스트 윅

**Could I make an appointment to see you sometime next week?**
쿠다이 메이컨 어포인트먼트 투 씨 유 썸타임 넥스트 윅

**Will it be possible for you to see me sometime next week?**
윌 잇 비 파써블 풔 유 투 씨 미 썸타임 넥스트 윅

**Real Talk**

A  Do you mind if I call on you sometime tomorrow?
B  Not at all. How about ten in the morning.
좋아요. 오전 10시 어때요? / 내일쯤 방문해도 괜찮겠어요?

A  I'd like to make an appointment to see Dr. Carey.
B  Okay, just a moment, please. How about tomorrow at three o'clock?
캐레이 박사님과 예약하고 싶은데요.
좋습니다. 잠깐 기다리세요. 내일 3시는 어떻습니까?

→ 이것은 접수처에서 의사, 선생님, 사장 등과의 예약 신청을 하는 예이다. Dr. Carey의 비서이거나 접수처의 직원이라고 생각하면 된다.

### 상대방의 형편을 물을 때

- 언제가 편합니까?

**When would (it) be convenient for you?**
웬 우드 (잇) 비 컨비년트 풔 유

## 06 약속

### When would it be all right with you?
웬 우드 잇 비 올 롸잇 위듀

### When is a good time for you?
웬 이저 굿 타임 풔 유

### What time will be most convenient for you?
왓 타임 윌 비 모스트 컨비년트 풔 유

### When will you be available?
웬 윌 유 비 어베이러블

### When can you make it?
웬 캔 유 메이킷

available은 '만나줄 수 있는, 시간이 비어 있는'. make it도 '시간을 내다'라는 의미로 자주 사용된다.

 그때가 (시간이) 좋습니까?

### Can you make it?
캔 유 메이킷

### Will it be alright with you?
윌 잇 비 올라잇 위듀

### Will that suit you?
윌 댓 숫 유

### Will it be convenient for you?
윌 잇 비 컨비년트 풔 유

suit도 '~에게 형편이 좋다'라는 의미

> **Real Talk**
> A When will you be free?
> B Friday evening would be fine. Can you make that?
> A Yes, sure. No problem. Where shall we meet?
>
> 언제 시간이 있으세요?
> 금요일 밤이면 좋겠는데요. 당신은 시간이 되겠어요?
> 그럼요. 문제없어요. 어디서 만날까요?

- 금요일 밤은 시간이 됩니까?

**Would Friday evening suit you?**
우드 프라이데이 이브닝 숫 유

**Would Friday evening be all right with you?**
우드 프라이데이 이브닝 비 올 롸잇 위듀

- 토요일 오후 3시는 어떻습니까?

**How about Saturday afternoon at three o'clock?**
하우 어바웃 새터데이 앱터눈 앳 쓰리 어클락

- 토요일 오후 어떻게 시간을 낼 수 없겠습니까?

**Can't you make yourself free Saturday afternoon?**
캔츄 메익 유어셀프 프리 새터데이 앱터눈

- 이번 일요일 다른 약속이 있습니까?

**Do you have any appointments this Sunday?**
두 유 해배니 어포인트먼츠 디쓰 썬데이

- 몇 시까지 시간이 있습니까?

**Up to what time will you be free?**
업 투 왓 타임 윌 유 비 프리

A  Do you have anything planned for this weekend?
B  No, nothing in particular. Why?

이번 주말에 무슨 계획 있어요? / 특별한 일 없는데요. 왜요?

- 오는 월요일 몇 시에 찾아뵈면 좋을까요?

**What time should I call on you next Monday?**
왓 타임 슈드 아이 콜 온 유 넥스트 먼데이

## 06 약속

- 대개 언제 방문객을 받으십니까?

**When do you generally receive visitors?**
웬 두 유 제너럴리 리씨브 비지터스

### 약속장소를 정할 때

- 어디서 만날까요?

**Where shall we meet?**
웨어 쉘 위 밋

**Where can I meet you?**
웨어 캔 아이 미츄

**Where can we get together?**
웨어 캔 위 겟 투게더

- 교차로 모퉁이에서 만나요.

**I'll see you at the corner of the intersection.**
아일 씨 유 앳 더 코너 옵디 인터섹션

- 서울 여의도공원에서 기다리겠습니다.

**I'll wait for you in the Yoido Park, Seoul.**
아일 웨잇 풔 유 인 더 여의도 파크, 서울

- 어디가 가장 편리합니까?

**Where is most convenient for you?**
웨어리즈 모슷 컨비년트 풔 유

**Where can you make it?**
웨어 캔 유 메이킷

A  Shall we meet in front of our office at five after work?

B That'll suit me fine. I'll be there at about ten to five.

퇴근 후 5시에 회사 앞에서 만날까요?
좋아요. 5시 10분전쯤에 거기에 있겠어요.

A How about outside the front gate?
B Yes, sure. Outside the front gate, five thirty on Friday.

정문 밖은 어때요?
좋아요. 정문 밖에서 금요일 오후 5시 반이에요.

■ 알았어요. 근데 어디쯤입니까?

## I see, but whereabouts?
아이 씨, 벗 웨어어바웃츠

A Let's meet at Seoul Station around three o'clock.
B OK, but whereabouts?
A Do you know where the west exit police box is?
B Yes, of course. I'll see you there.

서울역에서 3시경에 만납시다.
좋아요. 어디쯤에서요?
서쪽 출구의 파출소 아세요?
물론이죠. 거기서 만나요.

■ 수첩에 적어두게 날짜와 장소를 정합시다.

## Let's fix a date and a place while I have my diary with me.
렛츠 픽스 어 데이트 앤 어 플레이스 와일 아이 햅 마이 다이어리 위드 미

**06 약속**

**Real Talk**
A  OK, let's say Suwon station, five o'clock on Thursday.
B  Fine. See you then.

수원역에서 목요일 5시에 만나는 것으로 하자.
좋아. 그때 봐.

##  약속을 수락할 때

■ 좋아요.

### That'll be fine.
댓일 비 파인

### That'll suit me fine.
댓일 숫 미 파인

### That'll be all right with me.
댓일 비 올 라잇 위드 미

### That'll be convenient for me.
댓일 비 컨비년트 풔 미

**Real Talk**
A  I'd like to have a word with you. Are you free for lunch?
B  Yes, that's fine. I'll see you then.

드릴 말이 좀 있는데요. 점심시간에 시간 있어요?
좋아요. 그럼 그때 만나요.

→ "That's fine." 또는 "Great."은 쾌히 수락하는 표현이다.

A  Is 5 o'clock all right?
B  Yes, sure. That's convenient for me, too.

5시 좋아요?
예, 저도 편해요.

- 언제라도 편한 시간에 오세요.

**Come any time you like. Please come whenever it suits you.**
컴 애니 타임 유 라익. 플리즈 컴 웬에버 잇 슈츠 유

- 언제라도 좋아요.

**Any time will do.**
애니 타임 윌 두

**Any time will suit me.**
애니 타임 윌 슛 미

**Any time would be all right with me.**
애니 타임 우드 비 올 라잇 위드 미

- 3시 이후라면 언제라도 좋아요. 저녁에는 일정이 없어요.

**Any time after three will do. I have nothing planned for this evening.**
애니 타임 애프터 쓰리 윌 두. 아이 햅 낫씽 플랜드 풔 디쓰 이브닝

'오후 내내 시간이 있어요.'는 I'll be free all afternoon.

A  Would you like to come this afternoon or tomorrow evening?
B  Either will be fine for me. Which is more convenient for you?

오늘 오후나 내일 저녁에 오시겠어요?
저는 아무 때나 좋아요. 당신은 언제가 더 편해요?

## 06 약속

- 좋아요.

**Well, I'll be pleased to see you then.**
웰, 아일 비 플리즈드 투 씨 유 덴

- 그때 만나 뵙겠습니다.

**Okay, I'll be expecting you then.**
오우케이, 아일 비 익스팩팅 유 덴

**All right. I'll be with you at that time.**
올 롸잇. 아일 비 위듀 앳 댓 타임

Okay는 '좋지도 나쁘지도 않은 보통'이라는 뉘앙스가 있다. Okay.라고 대답하면 그것은 '그저 보통'이라는 뜻이고 '아주 좋다'라는 의미는 없다.

- 그때 만나 뵙기를 기대하겠습니다.

**I'm looking forward to seeing you then.**
아임 룩킹 풔워드 투 씨잉 유 덴

### 약속을 거절할 때

- 미안하지만 오늘 오후는 시간을 낼 수 없을 것 같은데요.

**I'm afraid I really can't make it this afternoon. Unfortunately this afternoon is no good for me.**
아임 어프레이드 아이 리얼리 캔트 메이킷 디쓰 앱터눈.
언풔처네이틀리 디쓰 앱터눈 이즈 노 굿 풔 미

- 미안하지만 오늘은 하루 종일 바빠서요.

**I'm sorry, but I'll be busy all day today.**
아임 쏘리, 벗 아일 비 비지 올 데이 투데이

- 정말 죄송합니다만 이번 주는 시간이 없습니다.

**Terribly sorry, but I don't have time this week.**
테러블리 쏘리, 벗 아이 돈트 햅 타임 디쓰 웍

시간을 내지 못할 경우에는 Unfortunately … / I'm afraid … / Terribly sorry, but … / I'm sorry, but … 등을 먼저 말하고 …부분에 이유를 말하면 부드러운 표현이 된다.

- 죄송하지만 다른 약속이 있습니다.

**Unfortunately I have an appointment.**
언풔처네이틀리 아이 해번 어포인트먼트

**I'm afraid I've got an appointment then.**
아임 어프레이드 아이브 갓 언 어포인트먼트 덴

- 2시부터 3시까지만 시간이 있습니다.

**I'll be free only from two to three.**
아일 비 프리 온리 프럼 투 투 쓰리

- 그러고 싶지만 내일 저녁에는 시간이 나지 않아요.

**I'd love to, but I can't make it tomorrow evening.**
아이드 러브 투, 벗 아이 캔트 메이킷 터머러우 이브닝

**I'd love to, but tomorrow evening won't be any good for me.**
아이드 러브 투, 벗 터머러우 이브닝 원트 비 애니 굿 풔 미

'내일 저녁은 좋지 않다.'는 Tomorrow evening's no good.이라고 할 수도 있다.

A Would the lunch break be convenient for you?
B No, not really. I'm expecting a guest for lunch. Why don't you come in the evening?

점심시간에 시간 되요?
점심시간에는 손님이 오기로 되어 있어요. 저녁에 오시는 게 어떠세요?

## 06 약속

A I'm busy at the moment. Are you free for lunch?
B Yes, that's fine. I'll see you in the cafeteria.

지금은 바쁜데요. 점심시간에는 시간이 있어요?
예, 좋아요. 식당에서 만나요.

---

- 6시는 안 되지만 7시는 좋습니다.

### I can't make (it at) six o'clock, but seven would be fine.
아이 캔ㅌ 메이크 (잇 앳) 씩스 어클락, 벗 세븐 웃 비 파인

- 오늘은 안 되겠는데 내일은 어떻습니까?

### I can't make it today. How about tomorrow?
아이 캔ㅌ 메이킷 투데이. 하우 어바웃 터머로우

- 다른 날로 정할 수 없겠습니까?

### Couldn't you make it another time?
쿠든ㅌ 유 메이킷 어나더 타임

### Couldn't you make it some other day?
쿠든ㅌ 유 메이킷 썸 아더 데이

- 급한 용무가 있어서 갈 수 없을 것 같습니다. 다른 날로 정할 수 없을까요?

### I'm afraid I can't come. I've got some urgent business to attend to. Couldn't we possibly make it some other day?
아임 어프레이드 아이 캔ㅌ 컴. 아이브 갓 썸 어전트 비즈니스 투 어텐 투.
쿠든ㅌ 위 파써블리 메이킷 썸 아더 데이

- 다음 달로 연기해 주실 수 있습니까?

**Could you put it off till next month?**
쿠쥬 풋 잇 오프 틸 넥스트 먼쓰

- 정말 죄송한데요. 약속을 지킬 수 없을 것 같아요.

**I'm awfully sorry, but I'm afraid I have to break our date.**
아임 어플리 쏘리, 벗 아임 어프레이드 아이 햅 투 브레이크 아워 데이트

- 불편하지 않으시길 바랍니다.

**I hope it won't inconvenience you.**
아이 호프 잇 원트 인컨비년스 유

### 일정이 확실하지 않을 때

- 토요일 밤에 무슨 일정이 있었던 것 같은데 생각이 나지 않네요.

**I have a feeling I might have something on Saturday evening, but I can't remember that.**
아이 해버 필링 아이 마이트 햅 썸씽 온 새터데이 이브닝, 벗 아이 캔트 리멤버 댓
I might have something on ~.은 '혹시 무슨 예정이 있을 지도 모른다.'이다.

> **Real Talk**
> A  What are you doing this weekend?
> B  I'm not sure. I haven't really thought about it. Why?
> 이번 주말에 뭐할 거예요? / 모르겠어요. 생각해 보지 않았어요. 왜요?

- 시간이 날 것 같은데 나중에 전화 드릴게요.

**Maybe I'll be free. I'll call you later.**
메이비 아일 비 프리. 아일 콜 유 레이터

06 약속

'(알아보고, 확인해 보고) 나중에 전화 드리겠습니다.'

**Real Talk**

A  Are you coming to the party?
B  I hope so, but I can't guarantee it. It depends on when my girlfriend comes to see me.

파티에 가실 거죠?
그럴 건데요, 장담할 수는 없어요. 여자 친구가 언제 오느냐에 달렸어요.

→ 이어서 She told me she's coming this week sometime, but she didn't give me a definite date.(이번 주에 온다고 했는데 정확한 날짜는 말하지 않았어요.)라고 하면 더욱 알기 쉽다.

# 07 식사

Go ahead.
고 어헤드

I'm hungry.
아임 헝그리

사람들과 빨리 친해지는 가장 좋은 방법은 함께 식사하는 거래요. Why don't we have lunch together?(점심 같이 하실래요?)라는 말을 입에 달고 살다 보면 주위에 사람들이 저절로 많아질 거예요. 특별히 가까이 지내고 싶은 사람에게는 한 마디 덧붙여보세요. It's on me.(제가 낼게요.) 다른 나라 사람들은 거의 Dutch pay가 일상적이니까 톡톡히 효과를 볼 걸요. 물론 식당에서 제대로 주문하려면 배울 게 많긴 해요. 이런 게 공부의 즐거움이려니 하세요!

## 07 식사

### 커피나 차를 마실 때

- 커피 한 잔 할까요?

**Shall we have a cup of coffee?**
쉘 위 해버 컵 옵 커퓌

**How about having a cup of coffee?**
하우 어바웃 해빙 어 컵 옵 커퓌

- 나가서 커피라도 마실까요?

**Shall we go out for some coffee?**
쉘 위 고 아웃 풔 썸 커퓌

- 커피 한 잔 하면서 얘기합시다.

**Let's talk over a cup of coffee.**
렛츠 톡 오버 어 컵 옵 커퓌

**Real Talk**

A  Let's take a break and have some coffee or something.
B  Yes, why not?

잠깐 쉬면서 커피라도 한 잔 합시다. / 예, 좋아요.

→ Why not?은 '물론 OK'라는 맞장구이다. '잠깐 쉽시다!'는 Let's take a break! 또는 Let's take five!(5분 쉬죠!)라고 한다.

A  Would you fancy a cup of coffee?
B  I was just thinking the same thing. I'm all for that.

커피 한 잔 어떻습니까? / 저도 같은 생각을 했어요. 대찬성이죠.

→ Would you fancy ~?는 Would you like ~?/Would you care for ~?와 같은 의미

A  Let's go inside. I'm really dying for something to drink.

 B Me too.
   안으로 들어갑시다. 무얼 좀 마시고 싶어 죽겠어요. / 저도요.

 A Which do you prefer, coffee or tea?
 B I like both.
   커피와 홍차 중에 어느 것을 좋아하세요? / 둘 다 좋아해요.

- 커피를 좋아해요. 커피 향을 아주 좋아합니다.

### I like coffee. I like the aroma very much.
아이 라익 커퓌. 아이 라익 디 어뤄머 베리 머취

- 둘 다 좋아하지 않아요. 생토마토 주스를 좋아해요.

### I don't like either. I prefer fresh tomato juice.
아이 돈ㅌ 라익 이더. 아이 프리풔 프레쉬 터메이토우 쥬스

- 제가 커피 한 잔 살게요.

### Let me treat you to a cup of coffee.
렛 미 트릿 유 투 어 컵 옵 커퓌

- 뜨거운 커피와 냉커피 중에 어느 것을 좋아하세요?

### Which would you prefer, hot or iced?
위치 우쥬 프리풔, 핫 오어 아이스드

- 진한 커피를 주십시오.

### I'd like my coffee strong.
아이드 라익 마이 커퓌 스트롱

**Real Talk**
 A How many lumps of sugar?
 B Two, please.
   설탕은 몇 개를 넣죠?
   두 개 넣어 주세요.

## 07 식사

→ 각설탕이 아니라면 How much (sugar should I put in)?(설탕은 얼마나 넣습니까?)라고 하면 된다.

A  Would you like your coffee black or like sugar and cream?
B  With cream, but no sugar, thank you.

커피는 블랙이 좋습니까, 아니면 설탕과 크림을 넣습니까?
크림만 넣고 설탕은 넣지 마세요, 감사합니다.

→ 아무 것도 넣지 않고 마시는 것은 I usually have my coffee black.(대개 블랙으로 마십니다.)이라고 한다.

---

■ 커피를 좀 더 주시겠습니까?

# Could I have some more coffee?
쿠 다이 햅 썸 모어 커퓌

A  How many cups of tea or coffee do you have a day?
B  Probably at least five cups a day.

홍차나 커피를 하루 몇 잔정도 마시세요?
적어도 5잔은 마실 겁니다.

---

■ 녹차나 인삼차를 드시겠습니까?

# Would you like green tea or ginseng tea?
우쥬 라익 그린 티 오어 진셍 티

## 커피숍에서

■ 주문하시겠어요?

**Are you ready to order?**
알 유 레디 투 오더

**Can I take your order?**
캐나이 테이큐어 오더

**May I take your order, please?**
메이 아이 테이큐어 오더, 플리즈

**Real Talk**

A  Do you have any empty tables?
B  Yes, this way, please.

빈자리 있어요? / 예, 이쪽으로 오세요.

A  What would you like?
B  Two hot coffees, please.

뭐로 하시겠습니까? / 뜨거운 커피를 두 잔 주세요.

→ 홍차는 Tea, please.라고 주문한다. 회화에서는 two cups of coffee(커피 두 잔) 대신에 two coffees라고 간단히 말하는 것이 보통이다.

A  How would you like your tea?
B  With sugar and cream, please.

홍차는 어떻게 타드릴까요? / 설탕과 크림을 넣어주세요.

→ '우유 대신 레몬을 한 조각 넣어주세요.'는 With a slice of lemon instead of milk.

A  Would you like some cream in your coffee?
B  Yes, please.

커피에 크림을 넣을까요? / 예, 그러세요.

→ '한 잔 더 드시겠습니까?' 라고 묻는 것은 Would you like another cup? 이고 대답은 Yes, please. 또는 No, thank you.라고 한다.

## 07 식사

- 실례지만 화장실은 어디 있습니까?

**Excuse me. Where can I wash my hands?**
익스큐즈 미. 웨어 캔 아이 워시 마이 핸즈

- 실례지만 남자 화장실은 어디 있습니까?

**Excuse me, but where's the men's room?**
익스큐즈 미, 벗 웨어즈 더 맨스 룸

- 〈자리에서 일어나면서〉 잠깐 실례하겠습니다. 곧 돌아오겠습니다.

**Excuse me for a moment. I'll be right back.**
익스큐즈 미 풔러 모먼트. 아일 비 롸잇 백.

###  커피숍에서의 대화

- 멋진 곳이지요?

**This is a good place, isn't it?**
디쓰 이즈 어 굿 플레이스, 이즈닛

- 생음악을 연주하는 커피숍을 아세요?

**Do you know of any coffee shops where we can listen to live music?**
두 유 노우 오배니 커퓌 샵스 웨어 위 캔 리슨 투 라이브 뮤직

'생음악을 연주하는 곳'을 알고 있다면 I know a place with a live band.라고 대답한다.

**Real Talk**

A How much does a cup of coffee cost at Korean coffee shops?

B It depends, but generally it's about four thousand won.

한국의 커피숍에서는 커피 한 잔에 얼마입니까?

장소에 따라 다르지만 대개 한 잔에 4천 원이에요.

- 오전에는 커피에 토스트와 삶은 계란이나 샐러드를 무료로 주는 곳도 있습니다.

**Some coffee shops give away some toast and a boiled egg or some salad with your coffee in the morning.**
썸 커피 샵스 기브 어웨이 썸 토스트 앤 어 보일드 에그 오어 썸 샐럿 위듀어 커피 인 더 모닝

소위 '모닝커피 서비스'를 말한다. '손님을 끌기 위한 방법이죠.'는 It's a way of attracting customers.

- 커피 값은 비싼 편이지만 장소를 빌리는 것과 같은 겁니다.

**Coffee's terribly expensive, but buying a cup of coffee is like renting space in a way.**
커피스 테러블리 익스펜씨브, 벗 바잉 어 컵 옵 커피 이즈 라익 렌팅 스페이스 이너 웨이

in a way는 '어떤 의미에서는'. A coffee shop in Korea is not just a place to drink tea or coffee. It serves as a meeting place and sometimes as a living room.(한국의 커피숍은 단지 커피나 홍차를 마시는 곳은 아니고 만남의 장소이거나 경우에 따라서는 거실 역할을 합니다).

- 커피 한 잔으로 두 세 시간 보내는 것은 이상하지 않습니다.

**It's not unusual for us to stay for two or three hours over a single cup of coffee or tea.**
잇츠 낫 언유주얼 풔러스 투 스테이 풔 투 오어 쓰리 아우얼스 오버 어 싱글 컵 옵 커피 오어 티

'대학생일 때는 커피숍에서 공부를 많이 했습니다.'는 When I was at college, I used to do a good deal of my work in coffee shops.

## 07 식사

■ 커피 한 잔을 마시는 정도라면 패스트푸드점에 가는 것이 좋습니다.

### If you just want a quick cup of coffee, you should go to a fast food restaurant.
이퓨 저슷 워너 퀵 컵 옵 커퓌, 유 슈드 고 투 어 패슷 푸드 레스터런트

'거기가 커피 값이 훨씬 쌉니다.'는 They serve coffee much more cheaply.

### 음식의 맛과 기호

■ 배고파요.

### I'm hungry.
아임 헝그리

### I'm starved.
아임 스타브드

'배가 부릅니다.'는 I'm full. 또는 I'm stuffed.

■ 맛있군요!

### How delicious!
하우 딜리셔스

### Good! / Tasty!
굿 / 테이스티

Great!/Scrumptious!도 같은 의미이다. '샐러드가 맛있군요!'는 Your salad is really superb!

---

**Real Talk**

A How does it taste?
B It tastes very good.

맛이 어때요? / 정말 맛있어요.

→ How is it?은 음식의 맛을 묻는 것이다. 대답은 I like it.(맛있어요)/It's good.(맛있어요)/It's too hot.(좀 맵습니다)/It's okay.(괜찮아요)/It's too sweet.(좀 답니다)

- 좀 단 것 같군요.

### It's a little too sweet for me.
잇처 리틀 투 스윗 풔 미

'맛없다!'는 Bad! Terrible!이라고 한다. '맛이 담백하다'는 It's plain! 또는 Bland!, '기름기가 많다'는 It's a little too greasy. I'd like something light.(좀 느끼한데 다른 담백한 걸로 주세요.)처럼 응용한다.

A Is it good?
B Yes, it's nice.

맛있어요? / 예, 좋은데요.

→ 또한 It smells really good, too.(향도 정말 좋군요.)라고 덧붙여도 좋다.

- 미안하지만 제 입맛에 맞지 않아요.

### Sorry, but it's not really to my taste.
쏘리, 벗 잇츠 낫 리얼리 투 마이 테이스트

'입맛에 맞지 않는다.'는 간단히 I don't really like it.(그다지 좋아하지 않습니다.)이라고 해도 좋다.

- 단 걸 좋아하시지요?

### You have a sweet taste, don't you?
유 해버 스윗 테이스트, 돈츄

- 어떤 음식을 좋아하세요?

### What's your favorite kind of food?
왓츄어 풰이버릿 카인돕 푸드

### What sort of food do you like?
왓 쏘트 옵 푸드 두 유 라익

### What sort of food do you fancy?
왓 쏘트 옵 푸드 두 유 풴시

## 07 식사

- 아무거나 잘 먹습니다.

**I eat anything. I'm not at all fussy.**
아이 잇 애니씽. 아임 낫 앳 올 풔씨

- 음식을 가리지 않아요.

**I like anything. I'm not particular about what I eat.**
아이 라익 애니씽. 아임 낫 파티큘러 어바웃 워다이 잇

'아무 거라도 좋습니다.'는 Anything'll do.라고 할 수도 있다. '로스트비프를 가장 좋아합니다.'는 I like roast beef best. '이태리 요리를 좋아합니다.'는 I like Italian food.라고 한다.

- 그녀는 식성이 까다롭습니다.

**She's very choosy about the food.**
쉬즈 베리 츄지 어바웃 더 푸드

- 톰은 햄버거라면 사족을 못 씁니다.

**Tom's crazy about hamburgers.**
톰스 크레이지 어바웃 햄버거스

- 한국요리, 프랑스요리, 중국요리 중에 어느 것을 좋아합니까?

**Which do you prefer, Korean, French or Chinese food?**
위치 두 유 프리풔, 코리언, 프렌치 오어 차이니즈 푸드

A  Have you had 'Naengmyon' before?
B  Yes, of course I have. I eat it three or four times a month.

냉면을 드셔본 적이 있어요?
물론이에요. 한 달에 서너 번 먹어요.

A  This is my favorite type: 'sungge.' What do you call it in English?
B  'Sea urchin'. That and tuna are my favorites, too.

이것은 내가 좋아하는 성게예요. 영어로는 뭐라고 하죠?
Sea urchin이라고 하죠. 그리고 저는 참치도 좋아합니다.

A  This tastes very good. Who cooked it?
B  I don't know. I ordered it by telephone.

맛있군요. 누가 요리했어요?
모르겠어요. 전화로 주문한 겁니다.

## 음식을 권할 때

- 어서 드세요.

### Help yourself.
헬프 유어셀프

### Go ahead.
고 어헤드

여러 사람에게 권할 때는 Here it is. Please help yourselves, everyone.이라고 한다.

- 좋아하시는 게 있으면 갖다 드세요.

### Please help yourself to anything you like.
플리즈 핼프 유어셀프 투 애니씽 유 라익

- 아주 맛있을 것 같지요?

### It seems very delicious, doesn't it?
잇 씸스 베리 딜리셔스, 더즈닛

## 07 식사

- 당신이 좋아하실 것 같아서 닭고기 수프를 만들었어요.

  **I made chicken broth because I remember you're fond of it.**

  아이 메이드 치킨 브로쓰 비코우즈 아이 리멤버 유어 폰드 옵 잇

- 식기 전에 드세요.

  **Please start while everything is warm.**

  플리즈 스타트 와일 에브리씽 이즈 웜

A How's the soup?
B It's pretty good. It tastes like chicken.
수프 맛은 어때요? / 아주 맛있어요. 닭고기 맛이군요.

- 맛 좀 보세요!

  **Take a taste!**

  테이커 테이슷

  '드셔 보세요.'는 Take a bite!, '먹어봐도 됩니까?'는 May I have a bite?, '마셔봐도 됩니까?'는 Can I have a sip?이라고 한다.

A Please take a big helping.
B Thank you. Your salad is really good.
많이 드세요. / 고마워요. 샐러드가 아주 맛있어요.

→ 이렇게 맛을 칭찬해 주면 I'm very glad you like it.(당신이 좋아하시니 기쁘군요.) 등으로 응답한다.

- 맛이 없으면 남기세요.

  **If you don't like it, just leave it.**

  이퓨 돈트 라익 잇, 저슷 리브 잇

**Real Talk**

A I hope the steak is tender.
B Oh, yes, very.

스테이크가 질기지 않으면 좋겠어요. / 예, 아주 부드러워요.

A Would you like some more meat?
B No, thank you. I've had plenty.

고기를 좀 더 드시겠어요? / 아뇨, 괜찮아요. 많이 먹었어요.

→ I'm full.이라고 해도 좋다.

A Would you like some dessert? We have fruit, ice cream, or cheese.
B Ice cream, please. I'm saving room for dessert.

디저트 좀 드시겠어요? 과일, 아이스크림, 치즈가 있어요.
아이스크림을 주세요. 디저트라면 아직 더 먹을 수 있어요.

A Would you care for something to drink?
B Yes, please.

뭘 좀 마시겠습니까? / 예, 주십시오.

A Shall we have our coffee in the living room?
B That would be nice.

커피는 거실에서 마실까요? / 좋아요.

A How do you say "jalmukgetsmnida" in English?
B There's no real equivalent. In some families they will say a prayer before beginning the meal.

"잘 먹겠습니다"는 영어로 어떻게 말하죠?
적당한 말은 없어요. 가정에 따라서는 식사 전에 기도를 합니다.

A Did you have enough?
B Yes, I've had an enormous amount. Thank you very much.

## 07 식사

많이 드셨어요? / 정말 많이 먹었어요. 고마워요.

■ 배가 너무 부릅니다.
### I'm really full up.
아임 리얼리 풀 업

■ 더 먹을 수 없어요.
### I couldn't eat another mouthful.
아이 쿠든트 잇 어나더 마우쓰풀

'잘 먹었습니다' 라는 느낌으로 Thank you very much.를 덧붙여도 좋다.

A Are you sure? We have plenty, you know.
B I'm sure. I really enjoyed everything.
정말이세요? 아직 많이 남았어요. / 네. 전부 정말 맛있게 먹었습니다.

→ Thank you very much for the meal. I enjoyed it very much.가 '잘 먹었습니다' 에 해당하는 영어표현이다.

■ 훌륭한 저녁식사였습니다.
### It was a wonderful dinner.
잇 워저 원더풀 디너

■ 정말 맛있었습니다.
### The meal was really superb.
더 밀 워즈 리얼리 슈퍼브

Thank you for the great dinner.(맛있는 식사 잘 먹었습니다.)도 같은 의미이다. I enjoyed your cooking. It was really excellent.(요리가 정말 맛있었습니다.)라고 감사의 표현을 나타낸다.

- 이렇게 맛있는 음식은 처음 먹어요.

**That was the most delicious meal I've ever had.**
댓 워즈 더 모숫 딜리셔스 밀 아이브 에버 해드

**It was the best meal I've ever had.**
잇 워즈 더 베슷 밀 아이브 에버 해드

**I don't remember having such a great meal.**
아이 돈트 리멤버 해빙 써처 그레이트 밀

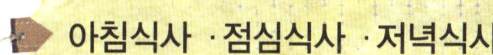

아침식사 · 점심식사 · 저녁식사

- 시간이 없어서 커피 한 잔과 토스트 한 쪽을 빨리 먹습니다.

**I only have time for a quick cup of coffee and a piece of toast.**
아이 온리 햅 타임 풔러 퀵 컵 옵 커퓌 앤더 피쓰 옵 토스트

- 늦잠을 자서 가끔 아침을 거릅니다.

**I sometimes skip breakfast when I get up late.**
아이 썸타임즈 스킵 브랙퍼슷 웬 아이 게럽 레이트

**I don't have breakfast when I get up late.**
아이 돈트 햅 브랙퍼슷 웬 아이 게럽 레이트

아침에는 대개 베이컨과 계란을 먹습니다.

**I usually have bacon and eggs for breakfast.**
아이 유쥴리 햅 베이컨 앤 에그스 풔 브랙퍼슷

**Real Talk**

A  Do you have breakfast every day?
B  Yes, but not very much.

아침은 매일 드세요? / 예, 그렇지만 많이 먹지는 않아요.

## 07 식사

- 저는 밥 한 그릇, 된장찌개와 김치를 조금 먹습니다.

**I eat a bowl of rice, soy bean stew and some kimchi.**
아이 잇 어 보울 옵 라이스, 쏘이 빈 스튜 앤 썸 김치

- 아침을 지어 드리겠어요.

**I'll make you some breakfast.**
아일 메이큐 썸 브랙퍼슷

- 콘플레이크와 버터를 바른 토스트 두 쪽을 먹겠습니다.

**I'll have cornflakes and two pieces of toast with butter.**
아일 햅 콘프레익스 앤 투 피시스 옵 토스트 위드 버터

- 과일 주스와 삶은 계란 두 개 주세요. 계란은 반숙으로 해주세요.

**I'll take fruit juice and two boiled eggs. Make them medium boiled.**
아일 테익 프룻 쥬스 앤 투 보일드 에그스. 메이크 뎀 미디엄 보일드

'반숙'은 a soft-boiled egg 또는 a medium-boiled라고 한다.

A  Would you like your egg fried or scrambled?
B  If it's no trouble, I'd prefer it poached, if you please.
계란은 프라이로 드시겠어요, 스크램블로 드시겠어요?
괜찮다면 포치(깨어 삶은 달걀)로 해 주세요.

A  How would you like your toast?
B  Lightly grilled, please.
토스트는 어떻게 드시겠습니까?
살짝 구워 주세요.

A  Where do you have lunch?

B  In the office canteen, usually. I sometimes go out, though.

점심은 어디에서 드세요?
대개 사원식당에서 먹지만 때로 나가서 먹을 때도 있어요.

→ 도시락을 먹는 경우에는 I usually take a box lunch from home.(대개 집에서 도시락을 가지고 옵니다.) / I buy a box lunch at the station.(역에서 도시락을 삽니다.)이라고 한다.

- 저는 시간이 없으면 햄버거를 먹어요.

## I just have a hamburger when I'm short of time.
아이 저슷 해버 햄버거 웬 아임 숏 옵 타임

A  I'm really hungry.
B  I'm pretty hungry, too. Shall we go and grab a bite?
A  Good idea. Let's go.

배가 정말 고파요.
저도요. 한 술 뜨러 나갈까요?
좋아요. 가죠.

→ grab a bite, take a bite은 격의 없는 말

- 잠깐 쉬고 점심을 주문합시다.

## Let's take a break and order lunch.
렛츠 테이커 브레이크 앤 오더 런치

- 중국음식점은 새로 생긴 피자집보다 배달이 빨라요.

## The Chinese restaurant delivers more quickly than the new pizza shop.
더 차이니즈 레스터런트 딜리버스 모어 퀴클리 댄 더 뉴 피자 샵

97

## 07 식사

**Real Talk**
A: What's today's special?
B: The same as usual, I suppose.

오늘의 특별 요리는 뭐죠? / 평소와 같을 겁니다.

- 저 집의 카레라이스에는 질렸습니다.

### I'm fed up with that restaurant's curry and rice.
아임 페덥 위드 댓 레스터런츠 커리 앤 라이스

- 저 집에서 먹을 만한 것은 샐러드뿐입니다.

### The only edible food they serve is salad.
디 온리 에더블 푸드 데이 써브 이즈 샐러드

**Real Talk**
A: What would you say to 'naengmyun' for lunch?
B: Well, I'd love some really, but I'm meeting my girlfriend this afternoon.

점심식사로 냉면 어때요?
저, 좋은데요, 오늘 오후에 여자 친구를 만나기로 해서요.

- 점심을 많이 먹으면 오후에는 졸릴 겁니다.

### A large lunch will make you sleepy in the afternoon.
에이 라지 런치 윌 메이큐 슬리피 인 디 앱터눈

**Real Talk**
A: I'm starving, but I don't have enough time to have lunch.
B: Why don't you have a bowl of instant noodles?

배가 고파 죽겠는데 점심 먹을 시간이 없어요.
사발면이라도 한 그릇 들지 그래요?

A Do you have snacks between meals?
B No, I don't, but I drink coffee with fresh milk around three o'clock.

간식을 드세요?
아뇨, 그렇지만 3시쯤에 신선한 우유를 넣은 커피를 먹어요.

■ 오늘밤 저녁식사는 어디에서 드시고 싶어요?

## Where would you like to have dinner tonight?
웨어 우쥬 라익 투 햅 디너 투나잇

■ 저녁식사는 식당에서 6시부터 8시까지입니다.

## Dinner is served in the dining room between six and eight.
디너 이즈 써브드 인 더 다이닝 룸 비튄 씩스 앤 에잇

■ 저희 집에서 저녁식사 어때요?

## How about having dinner at my place?
## Why don't you join us for dinner at my place?
하우 어바웃 해빙 디너 앳 마이 플레이스 / 와이 돈츄 죠이너스 풔 디너 앳 마이 플레이스

A Come along. Dinner's ready.
B I'm coming now.

어서 와서 저녁 드세요. / 지금 가요.

A What's for dinner?
B Hamburgers.

저녁 식사는 뭐죠? / 햄버거예요.

→ 서양에서는 주식과 반찬의 구별이 거의 없다.

## 07 식사

- 배가 정말 고파요. 와!

**I'm so hungry. Wow!**
아임 쏘 헝그리. 와우

- 모두 맛있을 것 같네요.

**Everything looks so delicious.**
애브리씽 룩스 쏘 딜리셔스

A  Do you eat out most evenings?
B  No, I don't; I can't afford to.
　　대개 저녁에는 외식을 하세요? / 아뇨. 그럴 여유가 없어요.
→ '외식하다'는 eat out(= go out to eat), dine out이라고 한다.

- 항상 제가 요리합니다.

**I usually cook for myself.**
아이 유쥘리 쿡 풔 마이셀프

**I usually do my own cooking.**
아이 유쥘리 두 마이 오운 쿠킹

cook myself가 아니라 cook for myself인 것에 주의할 것

- 때론 남자 친구가 우리 두 사람 요리를 만들어요. 그는 요리를 잘합니다.

**My boyfriend sometimes cooks for both of us. He's a very good cook.**
마이 보이프랜드 썸타임즈 쿡스 풔 보스 오버스
히즈 어 베리 굿 쿡

cook(요리를 하는 사람)과 cooker(요리 도구)의 구별에 주의할 것

## 식당에 들어갈 때

- 오늘 저녁에 외식할까요?

### Let's eat out tonight, shall we?
렛츠 잇 아웃 투나잇, 쉘 위

### Shall we go out for a meal this evening?
쉘 위 고 아웃 풔러 밀 디쓰 이브닝

A  How about that Korean barbecue restaurant in Myung-dong?
B  No, I'm sick of meat. Let's try that seafood restaurant in Shinchon.

명동에 있는 한식당은 어때요?
싫어요. 고기에는 질렸어요. 신촌에 있는 해산물 식당에 가보죠.

- 외식시켜 준다고 했죠?

### You owe me an evening out, don't you?
유 오우 미 언 이브닝 아웃, 돈츄

### Wouldn't you like to take me out for a meal?
우든츄 라익 투 테익 미 아웃 풔러 밀

식사 대접을 받고 싶을 때

A  I think I'll take you to a new Chinese restaurant in Daehak-ro.
B  Great. I'm all for that. Thanks very much.

대학로에 새로 생긴 중국식당에 데려가고 싶어요.
좋아요. 대찬성이예요. 고마워요.

## 07 식사

- 제가 식당에 자리를 예약할까요?

**Shall I book a table at the restaurant?**
쉘 아이 북커 테이블 앳 더 레스터런트

**Shall I reserve a table at the restaurant?**
쉘 아이 리저버 테이블 앳 더 레스터런트

**Shall I make reservations for a table at the restaurant?**
쉘 아이 메익 레저베이션스 풔러 테이블 앳 더 레스터런트

'예약하다'는 영국에서는 book, 미국에서는 reserve를 쓴다.

- 테이블을 예약한 김입니다.

**I've booked a table. The name is Kim.**
아이브 북트 어 테이블. 더 네임 이즈 김

**I'm Kim. I've made reservations for a table.**
아임 김. 아이브 메이드 레저베이션스 풔러 테이블

예약은 하지 않았는데요, 3인석 있습니까?

**We haven't reserved, I'm afraid. Do you have a table for three?**
위 해븐트 리저브드, 아임 어프레이드. 두 유 해버 테이블 풔 쓰리

- 창가 자리를 원합니다.

**We want a table by the window.**
위 워너 테이블 바이 더 윈도우

### 식사를 주문할 때

- 메뉴를 보여 주십시오.

**May I see the menu?**
메이 아이 씨 더 메뉴

- 오늘은 뭐가 맛있습니까?

### What's good today?
왓스 굿 투데이

### What would you recommend today?
왓 우쥬 레커멘드 투데이

- 정식은 있습니까?

### Do you have a table d'hote dinner menu?
두 유 해버 테이블 디호트 디너 메뉴

table d'hote은 소위 '정식'을 가리킨다. '오늘의 특별요리는 있습니까?'는 Is there a special today?

- 주방장 추천요리는 있습니까?

### Do you have a chef's special?
두 유 해버 셉스 스페셜

- 이것은 무슨 요리입니까?

### What is this like?
왓 이즈 디쓰 라잌

- 어떻게 요리한 겁니까?

### How is it cooked?
하우 이짓 쿡트

- 이 수프의 재료는 무엇입니까?

### What's the base of this soup?
### What stock is this soup made from?
왓스 더 베이스 옵 디쓰 숩 / 왓 스탁 이즈 디쓰 숩 메이드 프럼

- 맛있을 것 같군요.

### That sounds delicious.
댓 사운즈 딜리셔스

## 07 식사

- 뭘 드시겠습니까?

  **What would you like?**
  왓 우쥬 라익

  **May I take your order, please?**
  메이 아이 테이큐어 오더, 플리즈

  **Are you ready to order?**
  알 유 레디 투 오더

  '주문하시겠습니까?' 메뉴를 보고 있으면 웨이터가 주문을 받으러 온다.

- 잠깐만 기다려 주세요.

  **Just a minute, please.**
  저스터 미닛, 플리즈

  **Let me think for a moment.**
  렛 미 씽크 풔러 모먼트

  **Would you give me a few more minutes?**
  우쥬 기브 미 어 퓨 모어 미닛츠

- 주문을 받으세요.

  **Could we order, please?**
  쿠드 위 오더, 플리즈

- 이걸 주십시오.

  **I'll have this, please.**
  아일 햅 디쓰, 플리즈

  **I'd like this one, please.**
  아이드 라익 디쓰 원, 플리즈

  메뉴를 가리키면서 주문하는 것이다. '그건 그만 두세요.'는 I don't think I'll try that. 이라고 하면 된다.

- 먼저 음료를 주문하고 싶습니다.

### We'd like to order drinks first.
위드 라익 투 오더 드링스 풔숫

### We'll begin with drinks.
위일 비긴 위드 드링스

- 오늘의 특별 요리로 하겠습니다.

### I'd like today's special.
아이드 라익 투데이즈 스페셜

고급 레스토랑의 '정식'은 table d'hote라고 하며, 일반 레스토랑에서는 I'd like this dinner set. 또는 I'd like the set menu B.(B정식을 주십시오.)라고 주문한다.

- 스테이크 3인분, 디너 샐러드 3인분 주십시오.

### We'd like three steaks, and three dinner salads.
위드 라익 쓰리 스테익스, 앤 쓰리 디너 샐러즈

**Real Talk**
A How would you like your steak?
B I'd like mine well-done.

스테이크는 어떻게 해드릴까요?
완전히 익혀 주십시오.

→ 스테이크는 medium(반쯤 익힌), rare(겉만 살짝 익힌) 등으로 주문한다. 예를 들면 '살짝 익힌 걸로 주세요.'는 I'd like mine rare.라고 한다.

- 소금을 넣지 말고 요리해 주십시오.

### I'd like it cooked without salt.
아이드 라익 잇 쿡트 위드아웃 쏠트

'좀 싱거운 것 같군요.'는 This wants a touch of salt.라고 한다. sugar(설탕), pepper(후추), ketchup(케첩) 등의 말도 상식으로 알아두자.

**Real Talk**
A Which would you like, beef or chicken?

## 07 식사

B  I'd prefer beef.
쇠고기와 닭고기 중에 어느 걸로 하시겠습니까?
쇠고기를 주세요.
→ '닭고기는 싫어합니다.' 는 I can't stand chicken.

■ 카레는 매운 것과 담백한 것 중에 어느 걸로 하시겠습니까?

**Which kind of curry do you like, spicy or mild?**
위치 카인돕 커리 두 유 라익, 스파이시 오어 마일드

**Would you like spicy or mild curry?**
우쥬 라익 스파이시 오어 마일드 커리

A  What kind of dressing would you like on your salad?
B  I'd like French dressing.
샐러드드레싱은 어떤 걸로 하시겠습니까?
프렌치드레싱으로 주십시오.
→ dressing은 샐러드에 첨가하는 sauce(소스)로, mayonnaise(마요네즈) 등도 sauce의 일종이다.

■ 빵과 밥 중에 어느 것으로 하시겠습니까?

**Which would you prefer, bread or rice?**
위치 우쥬 프리퍼, 브레드 오어 라이스

■ 커피는 식사 후에 갖고 와 주세요.

**Bring me the coffee later, please.**
브링 미 더 커퓌 래이터, 플리스

**I'd like my coffee after the meal, please.**
아이드 라익 마이 커퓌 애프터 더 밀, 플리즈

**Coffee later, please.**
커퓌 래이터, 플리즈

- 디저트는 초콜릿 아이스크림을 주세요.

  **I'd like chocolate ice cream for dessert.**
  아이드 라익 초콜릿 아이스 크림 풔 디저트

- 나중에 다시 주문하겠습니다.

  **We'll order later again.**
  위일 오더 래이터 어게인

- 물 한 잔 주세요.

  **A glass of water, please.**
  어 글래스 옵 워터, 플리즈

  **Could I have some water?**
  쿠다이 햅 썸 워터

- 저도 같은 걸로 주세요.

  **The same for me, please.**
  더 쎄임 풔 미, 플리즈

**음식과 관련된 표현**

- 건강에 나쁜 unhealthy
- 건강에 좋은 healthy
- 저지방 low-fat
- 고지방 high-fat
- 고콜레스테롤 high cholestero
- 맵지 않은 mild
- 살찌기 쉬운 음식 fattening
- 짠 salty
- 매운 hot, spicy
- 단 sweet

07 식사

### 웨이터와의 대화

- 이건 제가 주문한 게 아녜요.

## This is not what I ordered.
디쓰 이즈 낫 웟 아이 오더드

- 설익은 것 같습니다.

## I'm afraid this is a little undone.
아임 어프레이드 디쓰 이즈 어 리틀 언던

A  May I have a napkin?
B  Yes, sir. I'll get one immediately.
냅킨을 주시겠습니까? / 예, 곧 가져다 드리겠습니다.

A  Excuse me, please. What's happened to my order?
B  I'm sorry, but we are very busy today. I'll be as quick as I can.
실례지만 제 주문은 어떻게 됐습니까?
죄송하지만 오늘은 아주 바빠서요. 가능한 한 빨리 가져다 드리겠습니다.

- 소스를 너무 쳤어요.

## There's a bit too much sauce.
데어즈 어 빗 투 머치 소스

A  This fork is dirty. Would you give me another one?
B  I'm sorry. I'll bring a clean one.
포크가 좀 더럽군요. 다른 것으로 바꿔 주시겠습니까?
죄송합니다. 깨끗한 것으로 가져다 드리겠습니다.

- 포테이토칩을 사가고 싶습니다.

### I'd like to take out some potato chips.
아이드 라익 투 테익카웃 썸 포테이토 칩스

### I'd like to take away some fried potato.
아이드 라익 투 테익커웨이 썸 프라이드 포테이토

'사가지고 가는' 것을 미국에서는 take out, 영국에서는 take away를 쓴다. 패스트푸드점에서는 Is this (for) takeout or will you eat it here? 또는 간단히 For here or to go?(가지고 가시겠습니까? 여기서 드시겠습니까?)라고 묻는다.

**Words Plus**

조리방법 표현

- (빵을) 굽다 bake
- 찌다 steam
- 볶다 stir-fry, saute
- 토스트하다 toast
- (직접 불로) 굽다 barbecue
- 프라이팬으로 굽다 fry
- 삶다 boil
- 튀기다 deep fry

## 술을 권할 때

- 제가 한 잔 살까요?

### Shall I get you a drink?
쉘 아이 겟 유 어 드링크

- 기분전환으로 소주 한 잔 어때요?

### Why don't you drink Soju for a change?
와이 돈츄 드링 소주 풔러 체인쥐

**Real Talk**
A How about a drink?
B Good idea. Where shall we go?

# 07 식사

한 잔 어때요? / 좋아요. 어디로 갈까요?

A  Would you like to go for a drink tonight?
B  Yes, that would be nice.

오늘밤 한 잔하러 가시겠어요? / 좋아요.

→ '좋아요' 라고 할 경우에는 Oh, yes, all for that.(대찬성입니다.)이라고 할 수도 있다. '한 잔하러 가다' 는 go drinking 외에 go (out) for a drink도 자연스럽다.

A  How about going downtown for a beer?
B  Sorry, but I don't feel like drinking today.

시내로 맥주 한 잔 하러 가는 게 어때요?
미안하지만 오늘은 술 마시고 싶지 않아요.

---

■ 가고는 싶지만 그만 두는 게 좋을 것 같군요.

## I'd like to, but I don't think I'd better.

아이드 라익 투, 벗 아이 돈트 씽 아이드 배러

I think I had better not.보다는 위와 같이 말하는 것이 자연스럽다. 계속해서 I've been having problems with my stomach.(위장에 문제가 있어서요.)이라고 이유를 첨가하면 좋을 것이다.

A  Let's step into a bar for a quick drink on our way back.
B  That's a good idea. We need some relaxation once in a while.

퇴근길에 바에 들러서 간단히 한 잔 합시다.
좋은 생각이에요. 가끔 긴장을 푸는 게 좋지요.

---

■ 조금만 드세요.

## Just have a little.

저슷 해버 리들

- 맥주 한 잔 하세요.

### Have a glass of beer.
해버 글래스 옵 비어

- 자, 마음껏 드세요.

### Please help yourself.
플리즈 핼프 유어셀프

**Real Talk**

A  Won't you have another?
B  No, thanks. I'm already drunk.
   한 잔 더 하시죠? / 아뇨, 됐어요. 벌써 취했어요.

A  Would you like some more?
B  No, thanks. I can't drink much.
   좀 더 드시겠어요? / 아뇨, 됐어요. 많이 마시지 못해요.

- 자기 전에 한 잔 하면 푹 잘 수 있어요.

### A night-cap will help you sleep better.
어 나잇-캡 윌 핼퓨 슬립 배러

- 건배!

### Cheers!
치얼스

### Bottoms up!
버텀스 업

### Here's to you!
히어즈 투 유

단번에 잔을 모두 비울 때는 Bottoms up!을 쓴다. '당신에게 건배!' Here's to you!에는 To you, too. Cheers!라고 대답한다.

07 식사

**Real Talk**
A  There's beer or whisky and water. Help yourselves. Drink the first glass down in one! Cheers!
B  Cheers!

맥주와 물탄 위스키가 있어요. 드세요. 첫 잔은 비우세요. 건배! 건배!

→ '한 잔 쭉 들이키는 것'을 drink · knock · a mug of beer down in one 이라고 한다.

- 당신의 건강을 위하여 (건배)!

# Here's to your health!
히어즈 투 유어 핼쓰

# To your health!
투 유어 핼쓰

- 취해서 모든 걸 잊고 싶습니다.

# I want to get drunk and forget everything.
아이 원트 투 겟 드렁크 앤 풔겟 애브리씽

 바나 선술집에서

- 카운터에 빈자리가 있습니까?

# Is there room at the counter?
이즈 데어 룸 앳 더 카운터

**Real Talk**
A  Something to drink?
B  Scotch and soda, please.

뭘 드시겠어요? / 하이볼을 주세요.

→ 미국에서는 highball이라고 해도 통한다.

- 브랜디를 한 잔 주세요.

  **A glass of brandy, please.**

  에이 글래스 옵 브랜디, 플리즈

- 이 와인을 반 병 주세요.

  **A half bottle of this wine, please.**

  에이 하프 바틀 옵 디쓰 와인, 플리즈

- 맨해튼 한 잔 하겠습니다.

  **I'll have a Manhattan.**

  아일 해버 맨허튼

- 저는 마티니 한 잔 주세요.

  **A martini for me, please.**

  에이 마티니 풔 미, 플리즈

**Real Talk**

A   What would you like to drink?
B   Three beers, please.
A   We have Budweiser, Miller, Heineken.
B   Heineken, please.

무얼 드시겠어요? / 맥주 3병 주세요.
버드와이저, 밀러, 하이네켄이 있는데요. / 하이네켄을 주세요.

A   Lager or bitter?
B   Half a pint of bitter, please.

라거입니까, 비터입니까? / 비터로 반 잔 주세요.

A   Whisky and soda? Or would you prefer a cocktail?

## 07 식사

B  Nothing, thanks. I don't drink.
A  How about a beer, then?
B  Not even a beer, thanks. I'm a strict teetotaler. But please don't let me stop you from having some.

위스키소다는 어때요? 아니면 칵테일을 드시겠어요?
아뇨, 됐어요. 술은 안 마셔요.
그럼 맥주는 어때요?
맥주 한 잔도 안돼요. 저는 금주주의자예요. 그렇지만 제게 신경 쓰지 마시고 드세요.

→ 종교 등의 이유로 술을 마시지 않는 사람을 teetotaler라고 한다.

## 술자리에서의 대화

■ 운동 후에는 시원한 맥주가 제일이야!

### There's nothing like a cool beer after exercise!
데어즈 낫씽 라이커 쿨 비어 애프터 엑서싸이즈

**Real Talk**

A  How often do you go out drinking?
B  I go out drinking about four times a month on average.

술을 자주 마시러 가세요? / 한 달에 평균 네 번 마시러 가요.

A  How much do you drink?
B  I sometimes drink the odd can of beer.

주량이 얼마예요? / 캔맥주 2개를 마시는 정도예요.

114

- 그는 술고래입니다.

    **He drinks like a fish.**
    히 드링스 라이커 피쉬

    **He is a heavy drinker.**
    히 이즈 어 해비 드링커

- 저는 술을 마시지 못하는 편입니다.

    **I'm rather on the dry side.**
    아임 래더 온 더 드라이 싸이드

- 그 나이에 그렇게 많이 마시는 것은 좋지 않아요.

    **It's not a good idea to drink so much at his age.**
    잇츠 낫 어 굿 아이디어 투 드링크 쏘 머취 앳 히스 에이쥐

    Anyway, you ought to be careful.(어쨌든 과음하지 않는 게 좋아요.)

- 그는 술이라면 가리지 않고 마십니다.

    **He's addicted to alcohol of any type.**
    하히즈 어딕티드 투 앨커올 옵 애니 타입

    **He's such a maniac with the alcohol.**
    히즈 써치 어 매니악 위드 디 앨커올

    He's an alcoholic.이라고 하면 '그는 알코올 중독자다.'라는 의미가 된다.

> **Real Talk**
>
> A I go drinking every night.
> B Every night? Seven nights a week?
> A No, six, actually. Sunday's my day off.
>
> 전 매일 밤 마시러 가요.
> 매일 밤이라고요? 한 주에 7일이요?
> 아뇨, 사실은 6일이에요. 일요일은 쉽니다.

## 07 식사

- 존은 술을 마시면 호인이 된다고 생각지 않습니까?

### Don't you think John's quite a good drinker?
돈츄 씽크 존스 콰잇터 굿 드링커

'술이 거나하면 호인이 되는 사람'을 merry drinker 또는 a happy drinker라고 하며, '술에 취하면 잘 우는 사람'은 a maudlin drinker라고 한다.

> **Real Talk**
> A Don't you get hangovers?
> B Only if I mix my drinks, especially beer and soju.
> 숙취는 없어요? / 술을 섞어 먹었을 때는요. 특히 맥주와 소주가 그래요.
> → '숙취가 심했다.'는 I've got a terrible hangover.

## 지불할 때

- 계산서를 주세요.

### The bill, please.
더 빌, 플리즈

### The check, please.
더 첵, 플리즈

### Could we have the bill, please?
쿠드 위 햅 더 빌, 플리즈

'계산서'는 bill 또는 check(미국)이라고 한다.

- 전부 얼마입니까?

### How much is it altogether?
하우 머취 이짓 얼터게더

- 봉사료 포함입니까?

   **Is service included?**
   이즈 써비스 인쿨르디드

- 잔돈은 가지세요.

   **Keep the change.**
   킵 더 체인쥐

- 계산서가 틀린 것 같은데요.

   **I think there's a mistake in the bill.**
   아이 씽 데어즈 미스테익 인 더 빌

   '이건 한 사람만 먹었습니다.'는 Only one of us had that.

- 이건 무슨 요금인지 모르겠습니다.

   **I'm not sure what this is for.**
   아임 낫 슈어 왓 디쓰 이즈 풔

- 도대체 어떻게 이렇게 계산이 됩니까?

   **How on earth did you arrive at this figure?**
   하우 온 얼쓰 디쥬 어라이브 앳 디쓰 피규어

- 추가요금을 납득할 수 없습니다.

   **I can't agree with your addition.**
   아이 캔트 어그리 위쥬어 애디션

- 각자 낼까요?

   **Let's go Dutch, shall we?**
   렛츠 고 더취, 쉘 위

- 제가 내겠습니다.

   **This is on me.**
   디쓰 이즈 온 미

## 07 식사

**This is my treat.**
디쓰 이즈 마이 트리트

**I'll pay the bill today.**
아일 페이 더 빌 투데이

- 제가 내겠습니다. 이번에는 제 차례예요.

**Let me pay the bill. This is my turn.**
렛 미 페이 더 빌. 디쓰 이즈 마이 턴

- 각자 자신이 먹은 걸 내는 게 어때요?

**What do you think of the idea of each paying for his own?**
왓 두 유 씽크 옵 디 아이디어 옵 이치 페잉 풔 히즈 오운

- 각자 균등하게 나누어 내는 게 어때요?

**How about the idea of splitting the bill?**
하우 어바웃 디 아이디어 옵 스플리팅 더 빌

### 담배에 대해서

- 필터 달린 윈스턴 한 갑 주세요.

**A pack of filter-tipped "Winston," please.**
에이 팩 옵 필터-팁트 "윈스턴", 플리즈

- 불 좀 빌려주시겠습니까?

**Could I have a light, please?**
쿠다이 해버 롸잇, 플리즈

- 재떨이 좀 집어 주시겠습니까?

### Will you pass me the ashtray?
윌 유 패스 미 디 애쉬트레이

### Would you mind passing me the ashtray?
우쥬 마인드 패씽 미 디 애쉬트레이

### May I trouble you for the ashtray?
메이 아이 트러블 유 풔 디 애쉬트레이

- 제 아버지는 담배를 많이 피우세요.

### My father is a heavy smoker.
마이 파더 이즈 어 해비 스모커

줄담배를 피우는 사람은 chain smoker라고 한다.

- 그는 전엔 시거를 피웠어요.

### He used to smoke cigars.
히 유스터 스목 시거스

- 그는 파이프 담배를 피웁니다.

### He smokes a pipe.
히 스목스 어 파이프

즉, He never touches cigarettes.(궐련은 피우지 않아요.)라는 것

- 나는 씹는 담배는 안 해봤어요.

### I've never tried chewing tobacco.
아이브 네버 트라이드 추잉 터바코

- 식후 한 모금은 정말 맛있습니다.

### A puff after a meal is really satisfying.
에이 퍼프 앱터 밀 이즈 리얼리 새티스파잉

## 07 식사

- 특히 초조할 때 피우면 기분이 좋아집니다.

**Smoking makes me feel good, especially when I'm frustrated.**
스모킹 메익스 미 필 굿, 이스페셜리 웬 아임 프러스트레이티드

- 담배 한 대 피우고 싶어 죽겠어요.

**I'm dying for a smoke.**
아임 다잉 풔러 스목

**I'm dying for a cigarette.**
아임 다잉 풔러 시거렛

A Is it all right to smoke here?
B Yes. Go ahead.
여기에서 담배를 피워도 돼요?
예, 피우세요.

A I don't want you to smoke in here. My roommate hates the smell.
B Don't worry. I won't.
여기선 담배를 피우지 마세요. 룸메이트가 담배 냄새를 싫어해요.
걱정 말아요. 그럴게요.

→ I wish you wouldn't smoke in my car.(제 차 안에서는 담배를 피우지 않았으면 좋겠어요.)라는 것도 알아두자.

A Do you mind if I smoke?
B Well, I'd rather you didn't, if you don't mind. No one in my family smokes.
담배를 피워도 괜찮아요?
저, 피우지 마셨으면 좋겠어요. 식구 중에 담배를 피우는 사람은 없어요.

→ Do you mind ~?의 응답으로 '예, 피우세요.'라고 승낙할 때는 No, not at all. / Certainly not. / Of course not.이라고 하며, 거절할 때는 Well, yes, I'm afraid I do, actually.(저, 피우지 마셨으면 좋겠어요.)라

고 부드럽게 말하는 것도 알아두자.

A This is a non-smoking area.
B Oh, yes, so it is. I'm sorry.

여기는 금연구역이에요.
예, 그렇군요. 미안해요.

→ So it is.는 '예, 맞군요.'

A Would you care for a cigarette?
B No, thank you. I don't smoke.

담배 한 대 피우시겠어요?
아뇨, 괜찮아요. 담배는 피우지 않아요.

A Do you sell imported cigarettes?
B Yes, we sell some imported brands.

수입 담배 있어요?
예, 여러 종류 있어요.

■ 2년 전에 금연했어요.

## I gave up smoking two years ago.
아이 개이법 스모킹 투 이어스 어고우

My girlfriend said I smelled like a dirty ashtray.(여자 친구가 더러운 재떨이 같은 냄새가 난다고 해서요.) 등으로 이유를 말할 수 있다.

A How many do you smoke a day?
B Between thirty and forty. More if I go drinking.
A You're going to kill yourself if you're not careful.

하루에 얼마나 피우세요?
30에서 40개비인데 술을 마시게 되면 더 많이 피워요.
조심하지 않으면 몸을 망치게 돼요.

→ How about ~?에 대해서는 About a pack. How about you?(하루 한

07 식사

갑 정도예요. 당신은요?) 또는 It depends, but usually about thirty.(상황에 따라 다르지만 하루 30개비 정도예요.) 등으로 대답할 수 있다.

- 제 할아버지는 흡연 때문에 폐암으로 돌아가셨습니다.

## My grandfather died of lung cancer caused by smoking.

마이 그랜드파더 다이드 옵 렁 캔서 커즈드 바이 스모킹

**Real Talk**
A  Are you still smoking? I thought you were trying to give it up!
B  I was. I cut down gradually to only ten a day, but I went back to normal.

아직 담배를 피우세요? 금연하는 줄 알았는데요.
했었어요. 하루 10개비로 점차 줄였는데요. 다시 원래대로 돌아갔어요.

→ 담배를 '줄이다'는 cut down이다.

- 줄이려고 노력했지만 못했어요.

## I'm trying to cut down, but I can't.

아임 트라잉 투 컷 다운, 벗 아이 캔트

- 담배를 끊는 것은 식은죽먹기예요.

## It's easy to give up smoking.

잇츠 이지 투 기법 스모킹

**Real Talk**
A  You smoke too much. It isn't good for you, you know.
B  I know. You sound like my mother.

당신은 담배를 너무 많이 피우는군요. 몸에 해로워요.

알아요. 꼭 제 어머니같이 말하는군요.
→ 건강에 더 신경을 써야 해요(You ought to take more care of your health.)라고 하는 것도 알아두자.

- 저는 뻐끔 담배를 피웁니다.

## I always puff, but I do not inhale.
아이 올웨이즈 퍼프, 벗 아이두 낫 인헤일

- 아기 옆에서 담배를 피우지 마세요.

## You'd better not smoke with your baby around.
유드 배러 낫 스목 위쥬어 베이비 어롸운드

A I hear they've banned smoking in the cafeteria.
B I'm happy to hear that. Smoking is not only bad for the smoker, but also for the people around him.

식당에서는 흡연은 안 된다고 하더군요.
대환영이에요. 흡연은 당사자뿐만 아니라 주위에 있는 사람의
건강에도 좋지 않아요.

A Smoking or non-smoking?
B Non-smoking, please.

흡연석입니까, 금연석입니까?
금연석으로 하겠습니다.

## 08 쇼핑

유럽이나 미국에서는 일요일에 쉬는 가게가 무척 많고, 평일이라 해도 일찍 문을 닫는 가게가 많기 때문에 헛걸음을 하지 않으려면 미리 영업시간이나 휴일을 알아두는 게 좋아요. 주인이나 점원이 looking for something?(찾는 거 있으세요? / 어서 오세요.)이라고 물으면 일단 I'm just looking.(그냥 둘러볼게요.)이라고 대답해 두세요. 말을 걸었는데 대답하지 않으면 실례가 되니까요. 그리고 옷을 살 때는 사이즈가 한국과 다를 수 있으니까 꼭 입어 보세요.

## 상점에서 물건을 고를 때

- 뭘 도와 드릴까요?

  **May I help you?**
  메이 아이 핼퓨

  **Can I help you?**
  캔 아이 핼퓨

  '무얼 찾고 있습니까?' 라는 느낌으로 점원이 손님에게 하는 인사

- 아뇨, 그냥 둘러보고 있습니다.

  **No. I'm just looking, thank you.**
  노. 아임 저슷 룩킹, 탱큐

  **No. Just looking, thanks.**
  노. 저슷 룩킹, 땡스

- 친구에게 선물로 줄만한 것이 있는지 찾고 있습니다.

  **I'm looking for something nice for a friend.**
  아임 룩킹 풔 썸씽 나이스 풔러 프렌드

- 이건 어떻습니까?

  **How do you like it?**
  하우 두 유 라이킷

- 저것을 보여 주시겠어요?

  **Can you show me that, please?**
  캔 유 쇼우 미 댓, 플리즈

  **May I see the one over there?**
  메이 아이 씨 더 원 오버 데어

125

## 08 쇼핑

- 제일 위 선반에 있는 것을 보여주세요.

### Let me see the one on the top shelf.
렛 미 씨 더 원 온 더 탑 셸프

> **Real Talk**
> A  May I see those in the front row of that case, please?
> B  Yes, ma'am. Here you are.
>
> 저 상자 앞줄에 있는 것을 보여주세요.
> 예, 여기 있습니다.
>
> → '왼쪽에서 세 번째 줄에 있는 것(들)을 보여주세요.'는 Can you show me the one·those· in the third row from the left?라고 한다.

- 오른쪽에서 두 번째 것이 예뻐 보이네요.

### The second one from the right looks lovely.
더 세컨드 원 프럼 더 롸잇 룩스 러블리

- 저걸 보세요! 저것도 아주 멋있어요.

### Look at that one! That's also very nice.
룩 앳 댓 원! 댓스 올쏘 베리 나이스

- 어느 것을 고를까요?

### Which one shall I choose?
위치 원 쉘 아이 추즈

- 둘 다 좋아서 고르기 어려워요.

### Both are so nice. It's difficult to choose.
보쓰 알 쏘 나이스. 잇츠 디피컬트 투 추즈

- 너무 비싸지 않다면 그것도 괜찮겠어요.

  **That will be all right as long as it's not too expensive.**
  댓 윌 비 올 롸잇 애즈 롱 애즈 잇츠 낫 투 익스펜씨브

- 이것이 제게 아주 잘 어울리겠어요.

  **This will suit me perfectly.**
  디쓰 윌 슛 미 퍼팩틀리

- 이게 아주 멋집니다. 누구라도 좋아하겠지요?

  **This is very nice. Anyone will like it, don't you think?**
  디쓰 이즈 베리 나이스. 애니원 윌 라이킷, 돈츄 씽

- 이게 가장 마음에 들어요.

  **I like this one best.**
  아이 라익 디쓰 원 베스트

- 그건 좀 비싼 것 같군요.

  **That seems rather expensive.**
  댓 씸스 래더 익스펜씨브

- 좀 더 싼 것을 몇 가지 보여주시겠어요?

  **Can you show me some cheaper ones?**
  캔 유 쇼우 미 썸 치퍼 원스

- 다른 종류는 뭐가 있습니까?

  **What other kinds do you have?**
  왓 아더 카인즈 두 유 햅

## 08 쇼핑

- 이것은 무엇으로 만든 겁니까?

**What is this made of?**
왓 이즈 디쓰 메이드 옵

- 이건 뭐에 쓰는 겁니까?

**What is this used for?**
왓 이즈 디쓰 유스트 풔

- 견본은 있습니까?

**Do you have a sample?**
두 유 해버 샘플

- 뭐를 추천하시겠어요?

**What would you recommend?**
왓 우쥬 리커멘드

- 제게는 너무 크지요?

**It's too large for me, isn't it?**
잇츠 투 라지 풔 미, 이즈닛

- 이것보다 작은 것은 없습니까?

**Don't you have this in a smaller size?**
돈츄 햅 디쓰 이너 스몰러 싸이즈

- 같은 모양으로 다른 사이즈 있어요?

**Do you have the same kind in different sizes?**
두 유 햅 더 쎄임 카인드 인 디퍼런트 싸이즈

- 이게 바로 제가 찾던 겁니다.

**This is just what I needed.**
디쓰 이즈 저스트 윗 아이 니딧

- 그럼 그것으로 하겠어요.

**Let's decide on it, then.**

렛츠 디싸이드 온 잇, 덴

- 그걸 사겠습니다. 얼마입니까?

**I'll take it. How much is it?**

아일 테이킷. 하우 머취 이짓

> **Real Talk**
> A  Will you take it, madam?
> B  Yes, I think I will.
>
> 사시겠습니까, 부인?
> 예, 살 생각입니다.
>
> A  How much is that altogether?
> B  Twenty-three dollars, including tax.
>
> 전부 얼마입니까?
> 세금을 포함해서 23달러입니다.
>
> → '전부 얼마입니까?'는 How much are they in all?이라고도 한다.

- 한 개면 충분합니다.

**One will be enough.**

원 윌 비 이넙

## 찾는 물건이 없을 때

- 제가 찾는 물건이 아닙니다.

**That's not what I wanted.**

댓츠 낫 윗 아이 원티드

## 08 쇼핑

- 제게는 맞지 않는데요.

  **I'm afraid that's not suitable for me.**
  아임 어프레이드 댓스 낫 슛터블 풔 미

- 질이 더 좋은 게 있어요?

  **Do you have any better quality ones?**
  두 유 해배니 배러 퀄리티 원스

- 요즘에는 어떤 종류가 가장 인기 있어요?

  **Which kinds are most popular these days?**
  위치 카인즈 알 모스트 파퓰러 디즈 데이즈

- 이것은 유행이 좀 지난 것 같군요.

  **This seems to be a bit out of fashion.**
  디쓰 씸스 투 비 어 빗 아웃 옵 패션

- 마음에 드는 것을 찾을 수가 없어요.

  **I don't see any that I really like.**
  아이 돈트 씨 애니 댓 아이 리얼리 라익

- 좀 더 찾아보는 게 좋을 것 같습니다.

  **I think I'd better look around some more.**
  아이 씽크 아이드 배러 룩 어롸운드 썸 모어

- 잘 생각해 보겠습니다.

  **I'll think it over. Thank you.**
  아일 씽킷 오버. 땡큐

- 다음에 사죠.

  **Perhaps next time.**
  펄햅스 넥스트 타임

## 가격 흥정과 지불

- 이건 얼마입니까?

  **How much is this?**
  하우 머취 이즈 디쓰

- 어째서 값이 다릅니까?

  **Why is the price different?**
  와이 이즈 더 프라이스 디퍼런트

- 세금이 포함된 가격입니까?

  **Does the price include tax?**
  더즈 더 프라이스 인클루드 택스

- 너무 비싸요.

  **That's too much for me.**
  댓스 투 머취 풔 미

  **How expensive!**
  하우 익스펜씨브

- 깎아 준다면 두 개를 사겠어요.

  **I'll take two of them if you give me a discount.**
  아일 테익 투 옵 댐 이퓨 깁 미 어 디스카운트

- 좀 깎아 주시겠어요?

  **Can you give me a discount on this?**
  캔 유 깁 미 어 디스카운트 온 디쓰

  **Can you come down a little?**
  캔 유 컴 다운 어 리를

## 08 쇼핑

- 값이 적당하군요. 그걸 사겠습니다.

   **The price is reasonable. I'll take it.**
   더 프라이스 이즈 리즈너블. 아일 테이킷

- 얼마입니까?

   **How much is it?**
   하우 머취 이짓

   **How much do I owe you?**
   하우 머취 두 아이 오우 유

- 전부 얼마입니까?

   **How much are they in all?**
   하우 머취 알 데이 인 올

   **How much are those altogether?**
   하우 머취 알 도우즈 올투게더

- 50달러짜리 지폐인데 거스름돈은 있습니까?

   **Do you have change for a fifty-dollar bill?**
   두 유 햅 체인쥐 풔러 피프티-달러 빌

   미국에서는 penny(=1 cent), nickel(=5 cents), dime(=10 cents), quarter(=25 cents), half(=50 cents), buck(=1 dollar)으로 주화를 부른다.

- 10파운드짜리 지폐인데 거스름돈은 있습니까?

   **Do you have change for a ten-pound note?**
   두 유 햅 체인쥐 풔러 텐-파운드 노트

   미국은 화폐단위가 cent, dollar인데 비해서 영국은 penny, pence(penny의 복수), pound로 쓴다.

- 현금으로 지불하시겠습니까, 카드로 하시겠습니까?

   **Are you going to pay with cash or credit?**
   알 유 고잉 투 페이 위드 캐쉬 오어 크레딧

**Will you pay (in) cash or by card?**
윌 유 페이 (인) 캐쉬 오어 바이 카드

**Cash or charge?**
캐쉬 오어 차쥐

credit 대신에 charge를 사용할 수도 있다.

- 카드로 지불하고 싶습니다.

**I want to pay by credit card.**
아이 원트 투 페이 바이 크레딧 카드

- 여행자 수표로 지불할 수 있습니까?

**Can I pay by traveler's checks?**
캔 아이 페이 바이 트레블러스 첵스

- 할부로 살 수 있습니까?

**Can I buy it on an installment plan?**
캔 아이 바이 잇 온 언 인스톨먼트 플랜

- 현금으로 사면 값을 깎아 주시겠어요?

**Will you reduce the price if I buy them in cash?**
윌 유 리듀스 더 프라이스 이프 아이 바이 댐 인 캐쉬

- 영수증을 주시겠어요?

**Can I have a receipt?**
캔 아이 해버 리시트

- 이것을 환불해 주세요.

**I want to get a refund on this.**
아이 원트 투 게러 리펀드 온 디쓰

08 쇼핑

- 다른 것으로 바꿔 주시겠습니까?

# Would you exchange it for another?
우쥬 익스체인지 잇 풔 어나더

**Real Talk**

A  Here's your change.
B  Thank you very much.

거스름돈 여기 있습니다.
감사합니다.

→ '거스름돈, 잔돈'은 항상 change이지 changes라고 하지 않는다.

**Words Plus**

가격표기 〈미국의 경우〉

- 20¢ (twenty cents) 20센트
- 99¢ (ninety-nine cents) 99센트
- $1.00 (a dollar/one dollar) 1달러
- $5.00 (five dollars) 5달러
- $9.99 (nine ninety-nine) 9달러 99센트
- 2/$18 (two for eighteen dollars) 2개에 18달러

잔돈 읽는 법

| | |
|---|---|
| ·1센트 | one cent |
| ·1센트 동전 | a penny |
| ·10센트 | ten cents |
| ·10센트 동전 | a dime |
| ·25센트 | twenty-five cents |
| ·25센트 동전 | a quarter |

## 백화점

- 엘리베이터는 어디 있습니까?

## Where can I find the elevators?
웨어 캔 아이 파인드 디 엘리베이터스

A  Do you have a floor plan?
B  Yes, sir. Here you are.

매장 안내도가 있습니까? / 예, 여기 있습니다.

→ a floor plan은 각 층 매장의 위치를 알려주는 팸플릿

- 완구 매장은 이 층에 있습니까?

## Is the toy department on this floor?
이즈 더 토이 디파트먼트 온 디쓰 플로어

A  Where's the shoe department, please?
B  It's on the third floor, sir. Take an escalator over there.

신발 매장은 어디에 있습니까?
3층에 있습니다. 저기 에스컬레이터를 이용하세요.

→ 미국에서 the third floor는 '3층'이지만 영국에서는 the ground floor(1층), the first floor(2층), the second floor(3층)이므로 혼동하지 말 것

- 전기제품 매장은 어느 쪽입니까?

## Which way is the electric appliances department?
위치 웨이 이즈 디 일렉트릭 어플라이언시스 디파트먼트

'~매장'은 ~ section, ~ counter, ~ department로 나타낸다.

## 08 쇼핑

■ 식료품은 지하에 있습니까?

### Is the food stuff in the basement?
이즈 더 푸드 스텁 인 더 베이스먼트

'지하 1층'은 the first basement, '지하 2층'은 the second basement(영미 공용), '옥상'은 roof라고 한다.

■ 상품권은 어디에서 살 수 있습니까?

### Where can I get gift coupons?
웨어 캔 아이 겟 기프트 쿠폰스

■ 보증서는 있습니까?

### Is this guaranteed?
이즈 디쓰 개런티드

■ 수입품은 있습니까?

### Do you have any imported brands?
두 유 해배니 임포티드 브랜즈

■ 지금 주문하면 언제 받을 수 있습니까?

### Can I get it soon if I order now?
캔 아이 게릿 쑨 이프 아이 오더 나우

---

A  Are these meant to be a present?
B  Yes, a birthday gift.

선물용입니까?
예, 생일 선물입니다.

A  I'm giving it as a wedding gift, so please pack it accordingly.
B  Certainly, sir. I'll see to it.

결혼선물로 주려고 하니까 그렇게 포장해 주세요.
알았습니다. 그렇게 하겠습니다.

→ I'd like to have it gift-wrapped.(선물용으로 포장해 주십시오.)라고 해도 좋다.

- 리본을 달아 포장해 주시겠습니까?

### Would you wrap it with a ribbon?
우쥬 랩 잇 위드 어 리번

- 포장해서 우송해 주시겠어요?

### Will you pack and mail it?
윌 유 팩 앤 메일 잇

- 집까지 배달해 주실 수 있어요?

### Could you deliver it to my house?
쿠쥬 딜리버릿 투 마이 하우스

- 배달 시에 지불해도 됩니까?

### Can I pay on delivery?
캔 아이 페이 온 딜리버리

- 언제 배달됩니까?

### When will it be delivered?
웬 윌 잇 비 딜리버드

- 한국으로 부쳐주실 수 있습니까?

### Can I ask you to send these to Korea?
캔 아이 애스큐 투 샌드 디즈 투 코리어

- 계산대는 어디 있습니까?

### Where is the check-out counter?
웨어리즈 더 첵-아웃 카운터

08 쇼핑

**Real Talk**
A Do you wish to have them delivered?
B No, I'll take them with me.
배달해 드릴까요?
아뇨, 제가 가지고 가겠습니다.

## 모자점·제화점

- 지금 유행하는 모자를 몇 가지 보여주시겠어요?

### Can you show me some hats which are in fashion now?
캔 유 쇼우 미 썸 햇츠 위치 알 인 패션 나우

- 저 중절모를 보여주세요.

### Please show me that felt hat.
플리즈 쇼우 미 댓 펠트 햇

'그 옆에 있는 것을 보여주시겠어요?'는 Can I see the one next to it?이다. 테두리가 있는 모자는 hat, 테두리가 없는 모자는 cap이라고 한다.

- 아동용 야구모자를 찾고 있습니다.

### I'm looking for a child's baseball cap.
아임 룩킹 풔러 촤일즈 베이스볼 캡

- 이 모자는 테두리와 리본이 마음에 들지 않습니다.

### I don't like the brim or the ribbon.
아이 돈트 라익 더 브림 오어 더 리번

- 이런 종류로 다른 것이 있습니까?

**What else do you have of this kind?**
왓 엘스 두 유 해브 디쓰 카인드

- 저에게 이것이 어울릴 것 같습니까?

**Do you think this suits me?**
두 유 씽크 디쓰 슈츠 미

- 거울은 어디 있습니까?

**Where's the mirror?**
웨어즈 더 미러

- 검은 가죽구두를 사고 싶습니다.

**I want some black leather shoes.**
아이 원트 썸 블랙 래더 슈즈

- 이것은 무슨 가죽입니까?

**What sort of leather are these?**
왓 쏘트 옵 래더 알 디즈

- 이 하이힐을 신어 봐도 됩니까?

**May I try these high-heels on?**
메이 아이 트라이 디즈 하이-힐스 온

- 이 구두를 신어 봐도 됩니까?

**Let me try this pair on, please.**
렛 미 트라이 디쓰 페어 온, 플리즈

'구두 한 켤레'는 a pair of shoes이다.

- 구두 주걱을 써도 되겠습니까?

**May I use a shoehorn?**
메이 아이 유즈 어 슈혼

## 08 쇼핑

- 볼이 좁아서 너무 꼭 죕니다.

**They are narrow and a bit too tight for me.**
데이 알 내러우 앤더 빗 투 타잇 풔 미

'발가락이 꼭 죈다.'는 They are tight across the toes.

- 더 큰 사이즈를 보여주시겠어요?

**Will you show me a larger size?**
윌 유 쇼우 미 어 라저 싸이즈

- 꼭 맞습니다.

**This pair fits me perfectly.**
디쓰 페어 핏츠 미 퍼펙틀리

This seems about my size.라고 할 수도 있다.

- 갈색으로 같은 사이즈는 있습니까?

**Do you have the same size in brown?**
두 유 햅 더 쎄임 싸이즈 인 브라운

- 운동화와 캔버스화를 보여주세요.

**Please show me some sneakers and canvas shoes.**
플리즈 쇼우 미 썸 스니커즈 앤 캔버스 슈즈

### 슈퍼마켓

- 어느 슈퍼마켓에서 물건을 사세요?

**Which supermarket do you usually shop at?**
위치 슈퍼마켓 두 유 유쥘리 샵 앳

- 오늘은 정말 붐비지요?

**It's terribly crowded today, isn't it?**
잇츠 테러블리 크라우디드 투데이, 이즈닛

**This place is really packed today.**
디쓰 플레이스 이즈 리얼리 팩트 투데이

'이렇게 붐빈 적이 없었어요.'는 I've never seen it so crowded. '내일 다시 올까요?'는 Shall we come back tomorrow?

- 손수레를 가져오는것이 좋을 것 같습니다.

**I think we'd better go and get a shopping cart.**
아이 씽크 위드 배러 고 앤 개러 샤핑 카트

- 육류 코너로 갑시다.

**Let's go to the meat counter.**
렛츠 고 투 더 미트 카운터

- 유제품 매장은 어디입니까?

**Where's the dairy products section?**
웨어즈 더 다이어리 프러덕츠 섹션

- 싸지요?

**That's a bargain, isn't it?**
댓스 어 바겐, 이즈닛

'값싼 물건'이 bargain이다. '세일품만을 사는 사람'을 bargain hunter라고 한다.

- 가공식품 매장은 어디입니까?

**Where's the processed food section?**
웨어즈 더 프로세스드 푸드 섹션

'냉동식품'은 frozen food이다.

## 08 쇼핑

- 진공 포장된 건포도는 어디 있습니까?

**Where can I find vacuum-packed raisins?**
웨어 캔 아이 파인드 배큠-팩트 레이즌스

- 제조일이 언제입니까?

**When was it packed?**
웬 워짓 팩트

- 이것들은 이번 주만 세일합니까?

**Are these on sale only this week?**
알 디즈 온 쎄일 온리 디쓰 윅

- 여기 있는 것들은 모두 5달러지요?

**These are all exactly 5 dollars, aren't they?**
디즈 알 올 이그젝틀리 파이브 달러스, 안트 데이

- 왜 오늘은 이렇게 야채가 비쌀까요.

**I wonder why vegetable are so expensive today.**
아이 원더 와이 베지터블 알 쏘 익스펜씨브 투데이

- 계산대에서 만나요.

**I'll see you at the checkout.**
아일 씨 유 앳 더 첵카웃

슈퍼마켓의 '계산대'는 checkout이라고 한다. 금전등록기는 cash register, 계산원은 cashier이다.

## 야채가게·과일가게

- 안녕하세요. 야채를 주십시오.

  **Hello. I'd like some vegetables.**

  헬로우. 아이드 라익 썸 베지터블스

- 저, 토마토와 양파를 사려는데요.

  **Well, I need tomatoes and onions.**

  웰, 아이 니드 터메이토우스 앤 어니언스

- 큼직한 오이 12개 주세요.

  **I want a dozen larger cucumbers.**

  아이 워너 더즌 라저 커큠버스

- 상추 2개와 당근 1파운드를 사겠습니다.

  **I'll take two lettuces and a pound of carrots.**

  아일 테익 투 레터시스 앤더 파운드 옵 캐럿츠

  '완두콩, 콩과 콩나물 200그램 주십시오.'는 I'll take some peas, soybeans and 200 grams of bean sprout.

- 시금치와 아스파라거스를 조금 주십시오.

  **Some spinach and some asparagus, please.**

  썸 스피니취 앤 썸 아스파라거스, 플리즈

- 감자는 없습니까?

  **Don't you have any potatoes?**

  돈츄 해배니 포테이토우스

- 죽순이나 연근 같은 야채는 있습니까?

  **Do you have any root vegetables, such as bamboo shoots or lotus roots?**

  두 유 해배니 루트 베지터블스, 써취 애즈 뱀부 슈츠 오어 로터스 루츠

## 08 쇼핑

양배추(cabbage), 부추(leek), 버섯(mushroom) 등 자주 쓰는 야채 이름과 좋아하는 야채 이름은 알아두는 것이 좋다.

- 어떤 야채가 제철입니까?

**What vegetables are in season?**
왓 베지터블스 알 인 씨즌

- 호박은 이제 철이 지났죠?

**Are pumpkins out of season now?**
알 펌프킨스 아웃 옵 씨즌 나우

- 이 포도 두 송이 주세요.

**Two bunches of these grapes, please.**
투 번치스 옵 디즈 그레입스, 플리즈

- 바나나는 한 다발에 얼마입니까?

**How much is this bunch of bananas?**
하우 머취 이즈 디쓰 번취 옵 버내너스

- 킬로그램에 2달러입니까?

**Two dollars per kilogram? All right.**
투 달러스 퍼 킬로그램? 올 롸잇

- 좋아요. 2킬로그램 사겠습니다.

**I'll take two kilograms.**
아일 테익 투 킬로그램스

- 이 바나나는 덜 익은 것 같군요. 잘 익은 것은 없습니까?

**These bananas look a bit green. Aren't there any riper ones?**
디즈 버내너스 룩커 빗 그린. 안트 데어 애니 리퍼 원스

- 이 바나나는 상한 것 같네요. 바꿔주시겠어요?

 **These bananas look damaged. Will you change them?**

 디즈 버내너스 룩 대미지드. 윌 유 체인쥐 댐

 Those peaches look a bit bruised. Have you got any others?(그 복숭아는 멍이 좀 들었군요. 다른 것은 없습니까?)라고도 할 수 있다.

- 딸기 두 상자를 사겠습니다.

 **I'll take two boxes of strawberries.**

 아일 테익 투 박시즈 옵 스트로우베리즈

- 이 사과 달아요?

 **Are these apples sweet?**

 알 디즈 애플스 스윗

- 이 파인애플은 얼마입니까?

 **How much is this pineapple?**

 하우 머취 이즈 디쓰 파인애플

- 어떤 과일이 제철입니까?

 **Which fruits are in season?**

 위치 프루츠 알 인 씨즌

- 배는 아직 좀 비싼 것 같지요?

 **Pears are still rather expensive, aren't they?**

 피어스 알 스틸 래더 익스펜씨브, 안ㅌ 데이

- 이것은 온실에서 재배한 겁니까?

 **Was this grown in a greenhouse?**

 워즈 디쓰 그라운 이너 그린하우스

## 08 쇼핑

- 씨 없는 포도도 사고 싶습니다. 전부 얼마입니까?

  **I want some seedless grapes, too. How much will that be altogether?**
  아이 원트 썸 씨드러스 그레입스, 투. 하우 머취 윌 댓 비 올터게더

### 정육점

- 이 고기는 부드럽습니까?

  **Is this meat tender?**
  이즈 디쓰 미트 텐더

- 등심을 주세요.

  **I'd like some sirloin, please.**
  아이드 라익 썸 설로인, 플리즈

- 저민 쇠고기 600그램 주십시오.

  **I'd like 600 grams of ground beef.**
  아이드 라익 식스 헌드레드 그램스 옵 그라운드 비프

  '돼지간 1파운드'는 I'd like one pound of pork liver.

- 닭고기 1파운드와 베이컨을 좀 사겠습니다.

  **I'll take a pound of chicken and some bacon.**
  아일 테이커 파운드 옵 치킨 앤 썸 베이컨

  '포크 소시지 500그램'이면 I'd like 500 grams of pork sausages.

- 뼈 없는 햄도 사겠습니다.

  **I'll take some boneless ham, too.**
  아일 테익 썸 본러스 햄, 투

- 보일드 햄 10장과 소시지 12개를 주세요.

**I'd like ten slices of boiled ham and a dozen sausages.**
아이드 라익 텐 슬라이시스 옵 보일드 햄 앤더 더즌 소시지스

- 버터나 마가린 있습니까?

**Do you have butter or margarine?**
두 유 햅 버터 오어 마가린

- 신선한 양고기 있습니까?

**Do you have any fresh mutton?**
두 유 해배니 프레쉬 머튼

- 그러면 대신 허리살이라도 좋아요.

**Then fillet will do instead.**
댄 필렛 윌 두 인스테드

## 생선가게

- 이 조기는 싱싱해 보이는군요. 얼마입니까?

**This croaker looks marvelous. How much is it?**
디쓰 크로우커 룩스 마버러스. 하우 머취 이짓

- 이 가자미와 오징어를 사겠어요.

**I'll take this flounder and squid.**
아일 테익 디쓰 플라운더 앤 스퀴드

잘 먹는 생선 이름은 꼭 알아두자. '가자미 세 마리'는 three of these flatfish라고도 한다.

## 08 쇼핑

- 연어 세 토막을 주십시오.

### Three salmon steaks, please.
쓰리 샐먼 스테익스, 플리즈

얇게 썬 '참치회'는 slices of raw tuna라고 한다.

- 저 참치는 싱싱합니까?

### Is that tuna fresh?
이즈 댓 튜나 프레쉬

'날로 먹을 수 있습니까?'는 Can I eat it raw?, '생굴'은 oyster이다.

- 이것은 송어입니까, 연어입니까?

### Is this trout or salmon?
이즈 디쓰 트라웃 오어 샐먼

- 오징어 있습니까?

### Do you have squid?
두 유 햅 스퀴드

- 민물 생선은 팔지 않나요?

### Don't you sell river fish?
돈츄 셀 리버 피쉬

- 이 대합조개 몇 개를 사겠어요.

### I'll take some of these clams.
아일 테익 썸 옵 디즈 클램스

- 전부 하나로 포장해 주시겠어요?

### Can you wrap up everything together?
캔 유 랩 업 애브리씽 투게더

## 빵가게 · 제과점

- 빵 두 덩이 주세요.

### Two loaves of bread, please.
투 로우브즈 옵 브래드, 플리즈

'호밀빵 한 덩이 주세요.'는 I'd like a loaf of rye bread. 외에 black bread, brown bread, corn bread 등으로 말할 수 있다.

- 롤빵 6개 주세요.

### Half a dozen rolls, please.
하프 어 더즌 롤스, 플리즈

- 햄버거와 핫도그용 빵을 주세요.

### Some hamburger and hotdog buns, please.
썸 햄버거 앤 핫덕 번스, 플리즈

둥글게 말아 만든 빵은 roll, 햄버거용으로 쓰이는 빵을 bun이라고 한다.

- 막 구워낸 신선한 빵은 없습니까?

### Isn't there any bread fresh out of the oven?
이즌트 데어 애니 브레드 프래쉬 아웃 옵디 오븐

- 얇게 썰어 주시겠어요?

### Could you slice this thin, please?
쿠쥬 슬라이스 디쓰 딘, 플리즈

- 빵가루 한 통과 딸기잼 두 병 주십시오.

### I need a tin of baking powder and two jars of strawberry jam.
아이 니드 어 틴 옵 베이킹 파우더 앤 투 자스 옵 스트로우베리 잼

149

## 08 쇼핑

- 비스킷이나 도넛 있습니까?

### Do you have any biscuits or doughnuts?
두 유 해배니 비스킷츠 오어 도우넛츠

- 이 크래커 맛있어요?

### Are these crackers nice?
알 디즈 크래커스 나이스

- 초콜릿케이크 세 조각 주십시오.

### Three slices of chocolate cake, please.
쓰리 슬라이시스 옵 초콜릿 케익, 플리스

자른 케이크 하나는 a slice of cake이라고 한다. 따라서 '한 쪽에 얼마입니까?'는 How much is this per slice?라고 한다.

- 과일케이크를 주시겠습니까?

### May I have a fruitcake?
메이 아이 해버 프룻케익

- 여기에 있는 스펀지케이크를 하나 주시겠습니까?

### Could I have one of these sponge cakes over here, please?
쿠다이 햅 원 옵 디즈 스펀지 케익스 오버 히어, 플리즈

- 딸기 파이 하나와 쇼트케이크 세 조각 주세요.

### One strawberry pie and three shortcakes, please.
원 스트로우베리 파이 앤 쓰리 쇼트케익스, 플리즈

영국에는 shortbread(버터를 듬뿍 넣어 만든 쿠키류)가 있다.

- 이 케이크 재료는 뭐죠?

**What is this cake made of?**

왓 이즈 디쓰 케익 메이돕

- 이 케이크는 어린이용인가요?

**I wonder if these cakes are for children.**

아이 원더립 디즈 케익스 알 풔 췰드런

- 한 묶음에 몇 개 들어 있습니까?

**How many are there in a packet?**

하우 메니 알 데어린 어 패킷

- 속에 뭘 넣었어요?

**What's inside?**

왓스 인사이드

- 설탕이 입혀져 있나요?

**It's coated with sugar, isn't it?**

잇츠 코티드 위드 슈거, 이즈닛

- 생일케이크를 주문하고 싶습니다.

**I'd like to order a birthday cake.**

아일드 라익 투 오더 어 버쓰데이 케익

크리스마스 케이크를 주문한다면 Can I order Christmas cakes?라고 한다. bread는 breads라고 복수형으로 쓰지 않지만 cake은 a cake, two cakes, three cakes처럼 복수형으로 쓸 수 있다.

# 09 전화

영어로 통화를 할 때는 직접 만나서 얘기하는 것보다 훨씬 어려워요. 상대의 얼굴 표정이 보이지 않기 때문에 상대의 말을 정확하게 알아듣고 자기가 말하는 것은 간결하고 정확하게 발음하는 것이 중요합니다. 상대의 이름을 제대로 알아듣지 못했으면 그냥 어물어물 짐작하고 넘어갈 것이 아니라 May I have your name again?(다시 한 번 성함을 말씀해 주시겠습니까?)이라고 이름을 반드시 확인해야 실수가 없겠죠?

## 전화를 걸 때

- 이 근처에 공중전화가 있습니까?

### Is there a pay phone (booth) around here?
이즈 데어러 페이 폰 (부쓰) 어롸운 히어

'공중전화'는 a pay phone 또는 a public telephone이라고 한다. '공중전화 부스'는 a pay phone booth

- 전화를 써도 됩니까?

### Can I use your telephone?
캔 아이 유즈 유어 텔러폰

### May I use your telephone?
메이 아이 유즈 유어 텔러폰

'(전화를) 빌리다'는 borrow가 아니라 use를 쓴다.

- 여보세요, 에반스 씨입니까?

### Hello. Is this Mr. Evans?
헬로우. 이즈 디쓰 미스터 에반스

### Hello. Is that Mr. Evans?
헬로우. 이즈 댓 미스터 에반스

상대방을 가리키는 '그쪽은'은 미국에서는 this를 써서 "Is this ~?"라고 하지만, 영국에서는 '자신'은 this, '상대방'은 that을 써서 Is that ~?이라고 하는 경우가 많다.

- 여보세요, 존스 씨 댁입니까?

### Hello. Is this the Jones residence?
헬로우. 이즈 디쓰 더 존스 레지던스

### Hello. Is that the Jones residence?
헬로우. 이즈 댓 더 존스 레지던스

## 09 전화

- **로버츠 박사님 계십니까?**

  **Is Dr. Roberts in, please?**
  이즈 닥터 로버츠 인, 플리스

  **Is Dr. Roberts there, please?**
  이즈 닥터 로버츠 데어, 플리스

- **리디아와 통화하고 싶습니다.**

  **Can I speak to Lydia?**
  캔 아이 스픽 투 리디아

  **May I speak to Lydia?**
  메이 아이 스픽 투 리디아

  **Could I speak to Lydia, please?**
  쿠다이 스픽 투 리디아, 플리즈

  **I'd like to speak to Lydia, please?**
  아이드 라익 투 스픽 투 리디아, 플리즈

  **Could I possibly have a word with Lydia?**
  쿠다이 파써블리 해버 워드 위드 리디아

  **Would you call Lydia to the phone?**
  우쥬 콜 리디아 투 더 폰

  여러 가지 표현이 가능하지만 Lydia, please.(리디아를 부탁합니다.), Front, please.(프런트를 부탁합니다.) 등으로 간단히 할 수도 있다.

---

A: Hello. Is Professor Harris in, please?
B: Yes, he is. Who's calling, please?
A: This is Chulsu Kim. I'm one of Professor Harris' students.

여보세요, 해리스 교수님 계십니까?
예, 계십니다. 전화 거시는 분은 누구십니까?
김철수라고 합니다. 해리스 교수님 제자입니다.

→ 전화에서는 I'm ~.보다 "This is ~(speaking)."라고 한다. 격의 없는 친구 사이에서는 "~ here."라고 해도 좋다.

- 경리부의 그린 씨와 통화하고 싶습니다.

**I'd like to speak to Ms. Green in the Accounts Department.**

아이드 라익 투 스픽 투 미세스 그린 인 디 어카운츠 디파트먼트

- 영업부의 누군가와 통화하고 싶습니다.

**I'd like to speak with someone in the Sales Department.**

아이드 라익 투 스픽 위드 썸원 인 더 세일즈 디파트먼트

- 거기 홍보부에 화이트 씨 계십니까?

**Is Mr. White in the Public Relations Department there?**

이즈 미스터 화이트 인 더 퍼블릭 릴레이션스 디마트먼트 데어

A Hello. Dave?
B Speaking.
A Chulsu here. Could you tell me Linda's phone number, please? I've got to talk to her about tomorrow's meeting.
B Sure. Hang on a moment …. Her number's 3460-0786.
A Thanks a lot.
B Not at all. See you tomorrow.
A Yes. Bye.

여보세요, 데이브니?
그래.
나 철수야. 린다 전화번호 가르쳐 주겠어? 내일 모임에 대해 얘기할 것이 있어.
그러지. 잠깐 기다려. 3460-0786이야.
고마워.

155

## 09 전화

천만에. 내일 봐.
그래. 안녕.

→ 용건은 전화번호를 묻는 것이다. I just called to ask you for Linda's phone number.(린다 전화번호를 알고 싶어서 전화했어.)라고 용건을 확실히 말하는 것도 좋다.

■ 오늘 오후에 팩스를 보내겠습니다.
### I'll fax it (to you) this afternoon.
아일 팩스 잇 (투 유) 디쓰 앱터눈
### I'll send it (to you) by fax this afternoon.
아일 샌드 잇 (투 유) 바이 팩스 디쓰 앱터눈

팩시밀리(facsimile)는 회화에서 fax라고 하는 게 보통이다.

■ 내선 118번 부탁합니다.
### Can I have extension 118, please?
캔 아이 햅 익스텐션 원 원 에잇, 플리즈
### Please give me extension 118.
플리즈 깁 미 익스텐션, 원 원 에잇

A  Would you put me through to the Editorial Department, please?
B  Yes, sir. Who shall I say is calling?
A  Dr. Lee from K. University.
B  Hold on a moment, please …. All right, you're through.

편집부에 연결해 주시겠습니까?
예, 전화 거시는 분이 누구시죠?
K대학의 이박사입니다.
잠깐만 기다리세요. 예, 연결했습니다.

→ through는 교환을 거치거나 다른 방으로 전화를 돌려주는 경우에 쓴다.

A Good morning. K. Trading Company. Can I help you?
B Yes. Could you put me through to Mr. Weston, please? I think that's extension 546.
A No, extension 546 is the director's room. Mr. Weston's extension is 246.
B Oh, sorry.
A One moment, please.

안녕하세요. K무역입니다. 무얼 도와 드릴까요?
예, 웨스톤 씨를 연결해 주시겠습니까? 내선 546번 같은데요.
아닌데요, 내선 546은 중역실입니다. 웨스턴 씨는 내선 246입니다.
죄송합니다.
잠깐만 기다리세요.

→ 이런 식으로 내선(extension)에 연결한다. 만일 연결할 수 없는 경우에는 I'm sorry, but the line is busy. Would you like to hold the line?(죄송하지만 지금 통화중입니다. 잠깐만 기다려 주시겠습니까?)이라는 등의 대답을 해준다.

## 상대방이 부재중일 때

■ 여보세요, 10분전에 전화했던 김입니다. 브라운 씨 돌아오셨어요?

### Hello. This is Kim again. I called ten minutes ago for Mr. Brown. Is he back from lunch yet?

헬로우. 디쓰 이즈 김 어게인. 아이 콜드 텐 미닛츠 어고우 풔 미스터 브라운. 이즈 히 백 프럼 런취 옛

■ 언제 돌아옵니까?

### When will he be back?

웬 윌 히 비 백

## 09 전화

### When do you expect him back?
웬 두 유 익스팩트 힘 백

- 몇 시에 돌아오는지 알고 계세요?

### Do you know what time he'll be back?
두 유 노우 왓 타임 히일 비 백

A  Sorry, but he's out for lunch. Would you like to leave a message?
B  No, it's all right, thanks. I'll call him back later. Goodbye.
A  Goodbye.

죄송합니다. 점심 식사하러 외출하셨어요. 전하실 말씀이 있습니까?
아뇨, 됐습니다. 나중에 다시 전화하겠습니다. 안녕히 계세요.
안녕히 계세요.

---

- 어떻게 연락할 방법은 없습니까?

### Is there any way I can reach him?
이즈 데어래니 웨이 아이 캔 리치 힘

- 그녀에게 연락할 수 있는 다른 번호는 없습니까?

### Is there another number I can reach her at?
이즈 데어 어나더 넘버 아이 캔 리취 허 앳

- 그녀의 연락처를 가르쳐 주시겠습니까? 급히 연락할 일이 있어서요.

### Could you tell me where I can reach her? I have to contact her immediately.
쿠쥬 텔 미 웨어라이 캔 리취 헐? 아이 햅 투 컨택트 헐 임미디어틀리

간신히 연락이 되었을 경우에는 Jane, I've been trying to get you all morning.(제인, 오전 내내 연락했었어요.) 등으로 말할 수도 있다. '통화할 수 있어서 반가웠어요.' 는

Nice talking to you. 전화를 받은 쪽은 Thank you for calling. Goodbye.라고 하며 전화를 끊는다.

- 전언을 남겨도 되겠습니까?

   **Can I leave a message for him?**
   캔 아이 리브 어 메시쥐 풔 힘

- 박에게서 전화 왔었다고 전해 주세요.

   **Please tell him that Mr. Park called.**
   플리스 텔 힘 댓 미스터 박 콜드

- 돌아오시면 저에게 전화해 달라고 전해주세요.

   **Please tell him to give me a ring when he comes back.**
   플리즈 텔 힘 투 깁 미 어 링 웬 히 컴스 백

   **Could you ask him to call me as soon as he gets back?**
   쿠쥬 애스크 힘 투 콜 미 애즈 쑨 애즈 히 겟츠 백

- 실례했습니다. 다시 전화번호부에서 번호를 찾아보겠습니다.

   **I'm very sorry. I'll check the number again in the directory.**
   아임 베리 쏘리. 아일 첵 더 넘버 어게인 인 더 디렉토리

   '전화번호부'는 telephone book 또는 (telephone) directory라고 한다.

## 걸려온 전화를 받을 때

- 제가 받겠습니다.

   **I'll answer it.**
   아일 앤써릿

## 09 전화

### I'll get it.
아일 게릿

'전화를 받다'는 answer the phone이다.

■ 여보세요, 김입니다.

### Hello, Kim here.
헬로우, 김 히어

### Hello, this is Kim speaking.
헬로우, 디쓰 이즈 김 스피킹

일반 가정에서는 수화기(receiver)를 들고 Hello, Kim residence.라고 할 수도 있다. '저는 ~입니다.'는 "This is ~ (speaking)."라고 하는 것이 기본 패턴이다.

A  Hello. Is Miss Lee there?
B  Speaking.

여보세요. 이 선생님 계십니까?
접니다.

→ 자신에게 걸려온 전화일 때는 Speaking. 또는 This is she[he].라고 한다.

■ 안녕하세요, 에밀리. 어디에서 전화하는 겁니까?

### Hello, Emily. Where are you calling from?
헬로우, 에밀리. 웨어라 유 콜링 프럼

A  Hello. Could I speak to Miss Mira Choi?
B  Yes, sure. Who's calling, please?
A  This is Emily Jones.
B  Oh, Miss Jones? One moment, please.

여보세요, 최미라 씨를 바꿔 주시겠어요?
예, 그러죠. 전화 거시는 분이 누구시죠?
저는 에밀리 존스입니다.

아, 존스 씨군요. 잠깐만 기다리세요.

→ 상대방의 이름을 물을 때에는 Who's calling (her), please?라고 하든지 정중하게 May I ask who's calling?(누구십니까?), Who shall I say is calling?(어느 분이라고 전해 드릴까요?)이라고 묻는다.

■ 끊지 말고 잠깐만 기다리세요.

### Hold on a minute, please.
홀드 온 어 미닛, 플리즈

### Hold the line, please.
홀드 더 라인, 플리즈

### One moment, please.
원 모먼트, 플리즈

### Just a moment, please.
저슷터 모먼트, 플리즈

'전화를 끊고 기다려 주십시오.'는 Hang up and wait, please.라고 한다.

■ 잠깐만 기다리세요. 제가 가서 받으라고 하겠습니다.

### Just a moment, please. I'll go and get her.
저슷터 모먼트, 플리즈. 아일 고 앤 겟 헐

■ 안녕하세요. 총무부입니다. 무얼 도와 드릴까요?

### Good morning. The general affairs department. Can I help you?
굿 모닝. 더 제너럴 어페어스 디파트먼트. 캔 아이 핼퓨

직장에서는 이렇게 정중히 전화를 받는다.

■ 전화 거시는 분이 누구십니까? 성함의 철자를 말씀해 주시겠어요?

### Who am I speaking to? Can you spell it for me, please?
후 엠 아이 스피킹 투? 캔 유 스펠 잇 풔 미, 플리즈

## 09 전화

업무상 전화라면 상대방의 이름을 정확히 알아둘 필요가 있다.

■ **맞는지 확인해 보겠습니다.**

### Let me make sure I understand you right, please.
렛 미 메익 슈어 아이 언더스탠드 유 라잇, 플리즈

필요한 경우에는 이렇게 말하고 S-C-R-I-V-E-R, Mr. Scriver? Is that right?(맞습니까?)이라고 정확히 확인하는 게 좋다.

■ **존스 씨, 프리맨 박사님께 전화 왔습니다.**

### Mr. Jones, Dr. Freeman's on the phone.
미스터 존스, 닥터 프리맨스 온 더 폰

### Mr. Jones, there's a call from Dr. Freeman.
미스터 존스, 데어즈 어 콜 프롬 닥터 프리맨

■ **스미스 씨를 바꿔 드리겠습니다.**

### I'll get you Mr. Smith.
아일 겟 유 미스터 스미스

■ **미안하지만 지금 다른 전화를 받고 계십니다.**

### Sorry, but he's on another line.
쏘리, 벗 히즈 온 어나더 라인

### Sorry, but he's on another phone.
쏘리, 벗 히즈 온 어나더 폰

이어서 Would you hang up? I'll ask him to call you back.(끊으시겠습니까? 통화가 끝나면 전화 드리도록 하겠습니다.)이라고 할 수도 있다.

■ **기다리시게 해서 죄송합니다, 브라운 씨. 스미스 씨는 지금 회의 중입니다.**

### Sorry to have kept you waiting, Miss Brown. Mr. Smith is in a meeting right now.
쏘리 투 햅 켑트 유 웨이팅, 미스 브라운.
미스터 스미스 이즈 이너 미팅 롸잇 나우

- 그의 보좌관이 전화를 받을 겁니다.

**His assistant will speak with you.**
히즈 어씨스턴트 윌 스픽 위듀

- 서비스부를 연결하겠습니다.

**I'll connect you to the Service Department.**
아일 커넥트 유 투 더 써비스 디파트먼트

- 김 선생님이 담당하고 있습니다. 내선 221로 전화하셔서 김 선생님을 찾아 주시겠습니까?

**Ms. Kim deals with that. Could you call again and ask for Ms. Kim on extension 221?**
미스 김 딜스 위드 댓. 쿠쥬 콜 어게인 앤 애슥 풔 미즈 김 익스텐션 투 투 원

##  찾는 사람이 부재중일 때

- 그녀는 지금 여기 안 계십니다.

**She's not here right now.**
쉬즈 낫 히어 롸잇 나우

**I'm afraid she's out at the moment.**
아임 어프레이드 쉬즈 아웃 앳 더 모먼트

**I'm sorry, but she's not in at the moment.**
아임 쏘리, 벗 쉬즈 낫 인 앳 더 모먼트

> **Real Talk**
> A  Hello, Park here.
> B  Hello. Could I speak to Ms. Lee, please?
> A  I'm afraid she's not in at the moment.
> B  When will she be back?
> A  I think she'll be back at around three o'clock.

## 09 전화

A Shall I tell her to call you when she gets back?
B Yes, please.
A OK. I'll tell her. Goodbye.
B Thank you. Goodbye.

여보세요, 박입니다.
여보세요, 이 선생님을 부탁합니다.
지금 안 계시는데요.
언제 돌아옵니까?
3시경에는 돌아오실 것 같습니다. 돌아오시면 전화 드리라고 전할까요?
예, 그래 주세요.
예, 그렇게 전하겠습니다. 안녕히 계세요.
감사합니다. 안녕히 계세요.

---

- 지금 자리에 안 계십니다.

### He's not at his desk.
히즈 낫 앳 히즈 데스크

- 미안하지만 오늘은 비번입니다.

### Sorry, but she's off today.
쏘리, 벗 쉬즈 오프 투데이

- 지금 휴가 중으로 2~3일 안 계십니다.

### He's on vacation, and he'll be off for a couple of days.
히즈 온 버케이션, 앤드 히일 비 오프 풔러 커플 옵 데이즈

- 죄송하지만 아직 출근 전입니다.

### I'm sorry, he's not in yet.
아임 쏘리, 히즈 낫 인 옛

- 지금 출장 중이십니다.

### He's on a business trip.
히즈 온 어 비즈니스 트립

He's out of town.도 같은 의미이다.

- 금요일에 돌아오십니다.

### He'll be back on Friday.
히일 비 백 온 프라이데이

### He won't be back until Friday.
히 원트 비 백 언틸 프라이데이

'늦어도 금요일까진 돌아오십니다.'는 He should be back by Friday at the latest.

- 대단히 죄송하지만 퇴근했습니다.

### I'm very sorry, but he's left the office for the day.
아임 베리 쏘리, 벗 히스 래프트 더 오퓌스 풔 더 데이

A  Good afternoon. (This is) ABC Bank.
B  Good afternoon. Is Mr. Park there, please?
A  No, I'm afraid he's out for lunch at the moment. Can I take a message?

안녕하세요. ABC 은행입니다.
안녕하세요. 박 선생님 계십니까?
아뇨, 지금 점심 식사하러 나가셨는데요. 전하실 말씀이 있습니까?

## 09 전화

- 죄송하지만 지금 회의 중이십니다.

  **Sorry, but he's in conference now.**
  쏘리, 벗 히스 인 컨퍼런스 나우

  **I'm sorry, but he's in a meeting at the moment.**
  아임 쏘리, 벗 히스 이너 미팅 앳 더 모먼트

- 회의가 끝나면 전화 드리라고 전할까요?

  **Shall I have him call you when the meeting is over?**
  쉘 아이 햅 힘 콜 유 웬 더 미팅 이즈 오버

  **Shall I ask him to call you when the meeting is over?**
  쉘 아이 애스크 힘 투 콜 유 웬 더 미팅 이즈 오버

  He'll call you back later.(나중에 다시 전화하실 겁니다.)라고 해도 좋다.

- 30분 후에 다시 전화해 주시겠습니까?

  **Could you call back in half an hour, please?**
  쿠쥬 콜 백 인 하프 언 아워, 플리즈

- 전하실 말씀이 있습니까?

  **Would you like to leave a message?**
  우쥬 라익 투 리브 어 메시쥐

  **Shall I take a message for him?**
  쉘 아이 테이커 메시쥐 풔 힘

  이렇게 말하면 Please tell him to give me a call.(저에게 전화하라고 전해 주세요.)이라고 하든지 No, thanks. I will call him back again.(아뇨, 괜찮습니다. 나중에 다시 전화하겠습니다.)이라고 대답하면 된다.

- 알겠습니다, 화이트 씨. 말씀을 전해 드리겠습니다.

  **All right, Ms. White. I'll give him your message.**
  올 롸잇, 미즈 화이트. 아일 기브 힘 유어 메시쥐

- 콜린스 씨, 30분전에 울프 씨에게서 전화가 왔었어요.

## Oh, Mr. Collins. There was a call (for you) from a Mr. Wolf half an hour ago.
오, 미스터 콜린스. 데어러즈 어 콜 (풔 유) 프럼 어 미스터 울프 하프 언 아워 어고우

A  He didn't leave a message, but he wanted you to call him when you get in.
B  Thank you. I'll call him straight away.

전언은 없었지만 돌아오면 전화를 달라고 하셨어요.
고마워요. 지금 전화할게요.

→ '곧, 지금'은 straight away, right away, immediately, at once.

- 3263-2894로 전화하시면 됩니다.

## You can reach him at 3263-2894.
유 캔 리취 힘 앳 쓰리 투 식스 쓰리 - 투 에잇 나인 풔

## You can contact him at 3263-2894.
유 캔 컨택트 힘 앳 쓰리 투 식스 쓰리 - 투 에잇 나인 풔

## You can get in touch with him at 3263-2894.
유 캔 겟 인 터취 위드 힘 앳 쓰리 투 식스 쓰리 - 투 에잇 나인 풔

더 격의 없이 '이 번호로 전화하세요.'는 You can get him at·on· this number.

- 톰, 당신 아버지께서 전화하셨는데 묶고 계신 호텔로 전화하라고 하셨어요. 번호는 045-231-2111이에요.

## Tom, your father rang and asked you to call the hotel he's staying at. The number's 045-231-2111.
탐, 유어 파더 랭 앤 애슥트 유 투 콜 더 호텔 히스 스테잉 앳. 더 넘버스 제로 풔 파이브 - 투 쓰리 원 - 투 원 원 원

**09 전화**

## 잘못 걸려온 전화를 받았을 때

■ 몇 번에 거셨어요?

**What number are you calling?**
왓 넘버 알 유 콜링

**What number did you want?**
왓 넘버 디쥬 원트

A  What extension did you want?
B  226.
A  This is 126.

내선 몇 번에 거셨어요?
226입니다.
여기는 126입니다.

■ 죄송하지만 제가 전화를 잘못 걸었습니다.

**Sorry, I've dialed the wrong number.**
쏘리, 아이브 다이얼드 더 렁 넘버

**I must have dialed wrong. I'm sorry.**
아이 머슷 햅 다이얼드 렁. 아임 쏘리

**I'm sorry. I must have a wrong number.**
아임 쏘리. 아이 머슷 해버 렁 넘버

A  Hello. Is this Dr. Kim's office?
B  No, this is Mr. Lee's residence. You must have (dialed) the wrong number.

여보세요. 김 박사님 병원입니까?
아뇨, 이 선생님 댁입니다. 전화를 잘못 거신 것 같군요.

→ No, I'm afraid you've got the wrong number.라고 해도 같으며 wrong이 핵심어이다.

**전화에서의 맞장구 표현**

· 그렇군요. **Right.**　　· 네. **Yes. / Yeah. / Uh huh.**
· 아니오. **No. / Unh unh.**　· 알겠어요. **I see.**

■ 죄송하지만 여기에 최라는 분은 안 계시는데요. 판매부에 최라는 분이 계십니다.

## I'm sorry, but there's no one called Choi here. We have a Choi in the Sales Department.

아임 쏘리, 벗 데어스 노 원 콜드 최 히어.
위 해버 최 인 더 세일즈 디파트먼트

이런 경우에는 Oh, I see. I must have been given wrong information. Thank you for your help, and sorry to have bothered you.(알겠습니다. 제가 잘못 안 것 같군요. 도와주셔서 감사합니다.)라는 대답을 들을 수도 있다. 그렇다면 That's all right. Goodbye.(천만에요. 안녕히 계세요.)라고 응답하면 된다.

**Real Talk**

A　Sorry, I can't hear you very well. Could you speak a little louder?
B　Hello, hello! How's this?
A　I can hear you well now.

　　잘 들리지 않는데요. 크게 말씀해 주시겠습니까?
　　여보세요, 여보세요. 어떻습니까?
　　이제 잘 들립니다.

→ 다시 말해 달라고 할 때에는 Could you repeat that?/Could you say that again?이라고 한다. 천천히 말해 달라고 할 때에는 Excuse me, but could you speak more slowly?

## 09 전화

- 미안하지만 연결 상태가 좋지 않은 것 같군요. 끊고 다시 전화해 주시겠습니까?

**I'm sorry, but we have a bad connection.**
아임 쏘리, 벗 위 해버 배드 커넥션

**Could you hang up and dial again?**
쿠쥬 행 업 앤 다이얼 어게인

- 죄송합니다. 끊겼습니다.

**I'm sorry, we disconnected. I'm awfully sorry.**
아임 쏘리, 위 디스커넥티드. 아임 어플리 쏘리

# 10 교통

**How often does the train come?**
하우 오픈 더즈 더 트레인 컴

**I'm new here, too.**
아임 뉴 히어, 투

외국에 나가서도 필요에 따라서는 택시, 버스, 지하철, 열차, 비행기 등 다양한 교통수단을 이용해야 해요. 특히 대중교통 이용에 필요한 표현을 제대로 익혀두어야 낯선 곳에서 생기기 마련인 두려움을 극복할 수 있답니다. 미국에서 택시는 cab이에요. 지하철은 입구가 많으므로 Where is the entrance?(입구가 어디죠?), 버스는 Where's the bus stop?(버스 정류소는 어디 있어요?)이라고 물으면 됩니다.

## 10 교통

### 택시를 이용할 때

■ 택시를 불러 주시겠어요?

**Could you call me a taxi, please?**
쿠쥬 콜 미 어 택시, 플리즈

■ 근처에 택시 승강장이 있습니까?

**Is there a taxi stand near here?**
이즈 데어러 택시 스탠드 니어 히어

> **Real Talk**
> A  Where to, sir?
> B  Colchester Station, please.
> 어디까지 가십니까? / 콜체스터 역으로 가주세요.

■ 공항으로 가주세요.

**Can you take me to the airport?**
캔 유 테익 미 투 디 에어폿

'3시 20분까지 공항에 도착해야 합니다. 시간에 맞출 수 있어요?' 는 I've got to be at the airport by three twenty. Can we make it?

■ 공항까지 얼마입니까?

**About how much is the fare to the air terminal?**
어바웃 하우 머취 이즈 더 페어 투 디 에어 터미널

■ 똑바로 가주세요.

**Go straight on, please.**
고 스트레이트 온, 플리즈

- 다음 모퉁이에서 왼쪽으로 도세요.

### Turn left at the next corner.
턴 래프트 앳 더 넥스트 코너

- 피카디리까지는 멉니까?

### Is it a long ride to Piccadilly?
이짓 어 롱 라이드 투 피카디리

- 급하니까 지름길로 가주세요.

### I'm in a hurry, so please take a short cut.
아임 이너 허리, 쏘 플리즈 테이커 숏 컷

'급할 것 없으니까 천천히 가세요.'는 I'm not in a hurry, so please take your time.

- 135번 국도를 해안을 따라 달려주세요.

### Drive along the beach on route 135.
드라이브 어롱 더 비취 온 루트 원 헌드레드 써티 파이브

- 10킬로미터 정도 가면 왼쪽에 주유소가 있는데 지나자마자 왼쪽으로 돌아주세요.

### After about ten kilometers, we'll come to a gas station on the left. Turn left just after the gas station.
애프터 어바웃 텐 킬로미터스, 위일 컴 투 어 개스 스테이션 온 더 래프트. 턴 래프트 저숫 애프터 개스 스테이션

'거기서부터는 표시를 따라서 가주세요.'는 Just follow the signs from there.라고 한다.여기서 세워주세요.

- 여기서 세워주세요.

### Stop here, please.
스탑 히어, 플리즈

## 10 교통

- 여기서 내려주세요.

**Please let me off here.**
플리즈 렛 미 오프 히어

- 요금이 얼마죠?

**What's the fare?**
왓스 더 페어

- 6달러입니다. 잔돈은 가지세요.

**Here's 6 dollars. You can keep the change.**
히어즈 씩스 달러스. 유 캔 킵 더 체인쥐

### 버스를 이용할 때

- 14번 버스를 타세요.

**Take the number fourteen bus.**
테익 더 넘버 풔틴 버스

 A  Where's the bus stop?
B  It's just across the street.
버스 정류장이 어디죠? / 길 바로 건너편에 있어요.

- 버스를 잘못 탔어요.

**I took the wrong bus.**
아이 툭 더 렁 버스

- 미안하지만 내릴 정류장에서 내리지 못했어요.

**I'm sorry, I missed my stop.**
아임 쏘리, 아이 미스트 마이 스탑

- 마지막 버스는 몇 시에 떠납니까?

## When does the last bus leave?
웬 더즈 더 라슷 버스 리브

- 이 버스는 어디로 갑니까?

## Where is this bus going?
웨어리즈 디쓰 버스 고잉

- 이 버스는 공항에 갑니까?

## Does this bus go to the air terminal?
더즈 디쓰 버스 고 투 디 에어 터미널

운전기사(driver)에게 물을 때는 Do you go to the air terminal?

**Real Talk**

A  Does this bus stop at Paddington?
B  No, it doesn't. You'll have to wait for a number 22.
A  Thanks.

이 버스는 패딩톤에 정차합니까?
아뇨. 22번 버스를 기다리세요.
감사합니다.

A  When is the next 22 due in?
B  Sorry, but I don't know. You'd better look at the timetable.

다음 22번 버스는 언제 옵니까?
모르겠는데요. 시각표를 보세요.

- 여기에서 몇 번째 정류장이죠?

## How many stops is it from here?
하우 메니 스탑스 이짓 프럼 히어

## 10 교통

- 거기에 도착하면 알려주시겠어요?

**Could you tell me when I get there?**

쿠쥬 텔 미 웬 아이 겟 데어

- 5번가에 도착하면 내려주세요.

**Let me off when we get to Fifth Street, please.**

렛 미 오프 웬 위 겟 투 피프쓰 스트리트, 플리즈

- 여기에 요금을 넣을까요?

**Shall I put my fare here?**

쉘 아이 풋 마이 페어 히어

- 실례지만 이 자리는 주인이 있습니까?

**Excuse me, is this seat taken?**

익스큐즈 미, 이즈 디쓰 씻 테이큰

- 감사합니다. 친절하시군요.

**Thank you very much. You're very kind.**

땡큐 베리 머취. 유아 베리 카인드

- 가방은 제게 주세요.

**Let me hold your briefcase.**

렛 미 홀드 유어 브리프케이스

자리를 양보 받았을 때

- 고맙습니다만 다음 정류장에서 내립니다.

**Thank you, but I'm getting off at the next stop.**

땡큐, 벗 아임 게링 오프 앳 더 넥슷 스탑

## 열차를 이용할 때

- 시카고까지 왕복표 한 장 주세요.

### One round trip to Chicago, please.
원 라운드 트립 투 시카고, 플리즈

영국에서는 'Oxford까지 왕복표 한 장 주세요.'는 One return to Oxford, please.

**Real Talk**
A  Are there any seats available on the 11:30 train?
B  Only in first class, sir.
A  Oh, well, I suppose that'll have to do. Could I have two one-way tickets, please?

11시 30분 열차에 빈 좌석 있어요?
1등석뿐입니다.
그렇다면 할 수 없군요. 편도표 두 장 주십시오.

→ '편도표'는 영국에서는 single (ticket)이라고 하며 'Oxford까지 편도 두 장 주세요.'는 Two singles to Oxford, please.라고 한다.

- 시카고까지 편도로 어른 한 장, 아이 두 장 주세요.

### One adult one-way, and two children to Chicago, please.
원 어덜트 원-웨이, 앤 투 칠드런 투 시카고, 플리즈

- 이 급행열차는 어디에 갑니까?

### Where is this express going?
웨어리즈 디쓰 익스프레스 고잉

- 열차는 자주 옵니까?

### How often does the train come?
하우 오픈 더즈 더 트레인 컴

## 10 교통

'시간이 얼마나 남았어요?'는 How much time is left?, '탈 수 있어요?'는 Can we make it?

- 이 표로 이 급행열차를 탈 수 있습니까?

**Is this ticket all right for this express?**
이즈 디쓰 티켓 올 롸잇 풔 디스 익스프레스

- 1등칸으로 옮길 수 있습니까?

**Can I transfer to the first-class coach?**
캔 아이 트랜스풔 투 더 퍼숫-클래스 코우치

- 추가 요금은 어디에 지불해야 합니까?

**Where do I have to pay the extra charge?**
웨어 두 아이 햅 투 페이 더 엑스트라 차쥐

- 도중에 내릴 수 있습니까?

**Can I stop over on the way?**
캔 아이 스탑 오버 온 더 웨이

- 식당차는 있습니까?

**Does the train have a dining car?**
더즈 더 트레인 해버 다이닝 카

- 시카고행 연결 열차는 있습니까?

**Are the connections for Chicago any good?**
알 더 커넥션스 풔 시카고 애니 굿

- 포터, 이 가방을 날라 주시겠어요?

**Porter, will you take these suitcases?**
포터, 윌 유 테익 디즈 숫케이시스

## 렌터카를 이용할 때

- 차를 한 대 빌리고 싶습니다.

  **I'd like to rent a car.**
  아이드 라익 투 랜터 카

- 지금 쓸 수 있는 차가 있습니까?

  **Do you have one available now?**
  두 유 햅 원 어베일러블 나우

  **Real Talk**
  A  What kind of model do you want?
  B  An automatic sedan, please.

  어떤 차종을 원하세요? / 오토매틱 세단을 주십시오.

  → '소형차를 주십시오.'는 A small economic car. '소형밴'은 A small van 이라고 한다.

- 4륜 구동차는 있습니까?

  **Do you have a four-wheel-drive car?**
  두 유 해버 풔-휠-드라이브 카

- 싸고 운전하기 쉬운 차를 소개해 주시겠습니까?

  **Could you recommend a car which is cheap and easy to handle?**
  쿠쥬 리커멘드 어 카 위치 이즈 칩 앤 이지 투 핸들

- 요율표를 보여 주십시오.

  **Could I see a list of your rates?**
  쿠다이 씨 어 리숫 옵 유어 레이츠

## 10 교통

- 보증금은 얼마입니까?

**How much is the deposit?**
하우 머취 이즈 더 디파짓

- 할인요율은 있습니까?

**Do you have a discount rate?**
두 유 해버 디스카운트 레이트

- 용지에 다 기입했습니다. 이러면 됩니까?

**I've filled in the form. Is this all right?**
아이브 필드 인 더 폼. 이즈 디쓰 올 롸잇

- 국제운전면허증과 신용카드 여기 있습니다.

**Here's my International Driving License and credit card.**
히어즈 마이 인터내셔널 드라이빙 라인센스 앤 크레딧 카드

- 보험에 들고 싶습니다.

**I'd like to buy insurance.**
아이드 라익 투 바이 인슈어런스

### 운전할 때

- 제가 당신 아파트 앞에서 태워드릴게요.

**I'll pick you up in front of your apartment.**
아일 피큐 어핀 프런트 옵 유어 아파트먼트

- 제가 역까지 태워드릴게요.

**I'll give you a ride to the station.**
아일 깁 유 어 라잇 투 더 스테이션

- 나는 운전을 신중히 한다고 믿고 있어요.

   **I believe I'm a very careful driver.**
   아이 빌리브 아임 어 베리 캐어풀 드라이버

- 고속도로를 이용합시다.

   **Let's take the expressway.**
   렛츠 테익 더 익스프레스웨이

   '고속도로'는 미국에서는 freeway, 영국에서는 motorway를 쓴다.

- 앞 차를 추월합시다.

   **Let's catch up with the car ahead.**
   렛츠 캐취 업 위드 더 카 어해드

- 속도를 줄이세요. 길이 울퉁불퉁해요.

   **Slow down! This is a bumpy road.**
   슬로우 다운! 디쓰 이즈 어 범피 로드

- 조심하세요. 길이 좀 미끄러워요.

   **Take care. The road is a little slippery.**
   테익 케어. 더 로드 이즈 어 리틀 슬리퍼리

- 이렇게 천천히 가면 안 돼요. 적어도 70킬로는 달려야 해요.

   **We can't go this slow. We've got to do at least 70 kilos.**
   위 캔트 고 디쓰 슬로우. 위브 갓 투 두 앳 리스트 세븐티 킬로스

- 다른 차의 속도를 따라 가는 것뿐이에요.

   **I'm just keeping up with the other drivers.**
   아임 저슷 키핑 업 위드 디 아더 드라이버스

## 10 교통

- 저 정지신호에서 우회전하겠어요.

**I'll turn right at that stoplight.**
아일 턴 롸잇 앳 댓 스탑롸잇

- 제한속도가 시속 백 킬로지요?

**The speed limit is 100 kilometers per hour, isn't it?**
더 스피드 리밋 이즈 원 헌드레드 킬로미터스 퍼 아워, 이즈닛

- 뒤에 경찰차가 오고 있어요.

**There's a police car coming up from behind.**
데어즈 어 폴리스 카 커밍 업 프럼 비하인드

---

**Real Talk**
A  Have you ever been stopped for speeding?
B  Yes, several times. I've lost my license twice.
속도위반에 걸린 적이 있어요? / 몇 번이요. 두 번 면허 정지를 당했어요.

→ '(속도위반에) 걸리고 싶지 않아요.'는 I don't want a ticket for speeding.

---

- 다음 휴게소까지 멀었어요?

**Is it a long way to the next rest area?**
이즈 잇 어 롱 웨이 투 더 넥스트 레슷 에리어

- 다음 표시를 봐주시겠어요?

**Will you look at the next sign, please?**
윌 유 룩 앳 더 넥스트 사인, 플리즈

- 차에서 내려서 시원한 공기를 마실까요?

**Shall we get off and have some fresh air?**
쉘 위 겟 오프 앤 햅 썸 프레쉬 에어

182

'양팔을 펼치고 허리를 쭉 펴고 싶군요.'는 I want to stretch my arms and straighten my back.

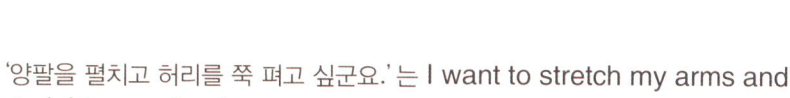

## 주유·고장·사고

- 연료가 다 떨어져 가요.

    **We're running out of gas.**

    위어 런닝 아웃 옵 개스

- 주유소까지 단지 2~3킬로미터입니다.

    **It's only a few kilometers to the gas station.**

    잇츠 온리 어 퓨 킬로미터스 투 더 개스 스테이션

- 가득 채워 주세요.

    **Fill'er up, please.**

    필러럽, 플리즈

    er(= her) : 차

- 보통 휘발유 10갤런 넣어주세요.

    **Ten gallons of regular gas, please.**

    텐 갤런스 옵 래귤러 개스, 플리즈

    '보통 40리터 넣어주세요.'는 Forty liters of regular, please.

- 타이어의 공기압을 점검해 주시겠어요?

    **Could you check the tire pressure?**

    쿠쥬 첵 더 타이어 프레슈어

- 세차하고 왁스를 발라주세요.

    **Could you wash and wax the car, please?**

    쿠쥬 워시 앤 왁스 더 카, 플리즈

## 10 교통

- 펑크 났어요. 수리해 주세요.

    **I have a flat tire. Would you fix it, please?**
    아이 해버 플랫 타이어. 우쥬 픽씻, 플리즈

- 배터리가 떨어졌습니다.

    **The battery is dead. It needs charging.**
    더 배러리 이즈 데드. 잇 니즈 차징

- 충전해 주시겠습니까?

    **Could you see to it?**
    쿠쥬 씨 투 잇

- 오일, 물, 배터리, 타이어 모두 이상 없습니다.

    **Oil, water, battery and tires – everything is OK.**
    오일, 워러, 배러리 앤 타이어스 – 애브리씽 이즈 오우케이

- 이런! 시동이 걸리지 않네.

    **Damn! I can't start the engine.**
    댐! 아이 캔트 스타트 디 엔진

- 브레이크 고장입니다.

    **Something's wrong with the brakes.**
    썸싱스 렁 위드 더 브레이크스

- 차를 어디에 댈까요?

    **Where shall we pull over?**
    웨어 쉘 위 풀 오버

- 잠깐 여기에 주차해도 되겠습니까?

    **Can I park here just for a second?**
    캔 아이 파크 히어 저슷 풔러 세컨드

- 근처에 주차장이 있습니까?

  **Is there a parking lot near here?**
  이즈 데어러 파킹 랏 니어 히어

- 주차 미터기를 찾아야 합니다.

  **We'll have to find a parking meter.**
  위일 햅 투 파인더 파킹 미터

- 차를 길옆에 댑시다.

  **Let's move these cars to the side of the street.**
  렛츠 무브 디즈 카스 투 더 사이드 옵 더 스트리트

- 제 차가 고장 났습니다. 견인하러 와주시겠습니까?

  **My car has broken down. Could you send someone to tow it in?**
  마이 카 해즈 브로큰 다운. 쿠쥬 샌드 썸원 투 퉈 잇 인

- 문제가 일어났을 때 연락할 수 있는 전화번호를 가르쳐 주시겠습니까?

  **Could you give me some numbers to call in case I have any trouble?**
  쿠쥬 깁 미 썸 넘버스 투 콜 인 케이스 아이 해배니 트러블

- 보험은 들어 있습니까?

  **Is your car insured?**
  이즈 유어 카 인슈어드

- 구급차를 불러주세요.

  **Could you send an ambulance, please?**
  쿠쥬 샌드 언 앰뷸런스, 플리즈

## 10 교통

■ 사고가 났어요!

**There's been an accident!**
데어즈 빈 언 애씨던트

'부상 입은 사람이 있어요!' 는 There're several people hurt!

 길을 물을 때

■ 팔레스 호텔로 가는 길을 가르쳐 주시겠어요?

**Could you tell me the way to Palace Hotel?**
쿠쥬 텔 미 더 웨이 투 펠러스 호텔

**Could you tell me how to get to Palace Hotel, please?**
쿠쥬 텔 미 하우 투 겟 투 펠러스 호텔, 플리즈

> **Real Talk**
> A Excuse me. Could you tell me how to get to the station, please?
> B Yes. Just go straight down this road to the end and turn left.
>
> 실례지만 역으로 가는 길을 가르쳐 주시겠어요?
> 예, 똑바로 이 길 끝까지 가셔서 왼쪽으로 도세요.

■ 병원은 어떻게 가야 합니까?

**How can I get to the hospital?**
하우 캔 아이 겟 투 더 하스피털

**Where can I find the hospital?**
웨어 캔 아이 파인드 더 하스피털

**Do you know where the hospital is?**
두 유 노우 웨어 더 하스피털 이즈

**Real Talk**

A  I'm new here. Could you tell me how to get to the women's university?
B  Yes, certainly. Go back the way you came, and take the second road to the left. You can't miss it.
A  Second left. Thank you very much.
B  You're welcome.

여기는 처음인데요. 여자대학은 어떻게 가야 하는지 가르쳐 주시겠어요?
예, 지금 오셨던 길을 되돌아 가셔서 두 번째 길을 왼쪽으로 가세요. 금방 찾을 수 있어요.
두 번째를 왼쪽으로지요? 감사합니다.
천만에요.

A  Excuse me. Is that white building B. University?
B  No, it isn't. It's a hospital. Are you looking for B. University?
A  Excuse me. I'm looking for a book store. Is there one near here?
B  Yes, (there's one) not far from here. Turn left there and you'll find it a hundred meters or so on your right.
A  Thank you. That's very kind of you.

실례지만 저 하얀 건물이 B대학입니까?
아녜요. 병원이에요. B대학을 찾고 계세요?
실례지만 서점을 찾고 있어요. 이 근처에 하나 있습니까?
예, 여기에서 멀지 않은 곳에 하나 있어요. 저기를 왼쪽으로 돌면 오른쪽 백 미터쯤에 있어요.
친절에 감사드립니다.

## 10 교통

- 하이드 파크에 가는 길은 이 길이 맞습니까?

**Am I going the right way for Hyde Park?**
엠 아이 고잉 더 롸잇 웨이 풔 하이드 파크

**Am I going in the right direction for Hyde Park?**
엠 아이 고잉 인 더 롸잇 디렉션 풔 하이드 파크

**Is this the right way for Hyde Park?**
이즈 디쓰 더 롸잇 웨이 풔 하이드 파크

'하이드 파크는 어느 길입니까?'는 Which way is Hyde Park?, '여기가 어디입니까?'는 Where is this? 또는 Where am I?로 묻는다.

- 사무실을 찾는데 도움이 될 만한 표식을 가르쳐 주시겠어요?

**Could you point out some landmarks which will help me find the office?**
쿠쥬 포인트 아웃 썸 랜드막스 위치 윌 핼프 미 파인드 디 오퓌스

간단히 Are there any landmarks for me to look out for?(제가 알아 볼만한 표식이 있습니까?)라고 해도 좋다.

- 나는 길눈이 어둡습니다.

**I have a bad sense of direction.**
아이 해버 배드 센스 옵 디렉션

**I don't have a good sense of direction.**
아이 돈트 해버 굿 센스 옵 디렉션

## 길을 가르쳐 줄 때

- 어려운 문제가 있는 것 같군요. 제가 도와 드릴까요?

**You seem to be in trouble. Can I help you?**
유 씸 투 비 인 트러블. 캔 아이 핼퓨

You look lost. Are you trying to find something?(뭔가 잃어버린 것 같군요. 무얼 찾고 계세요?)이라고 물어도 좋다.

- 어디를 가시려고 합니까?

### Where are you going?
웨어라 유 고잉

### Where do you want to go?
웨어 두 유 원ㅌ 투 고

### Where are you trying to get to?
웨어라 유 트라잉 투 겟 투

'우체국을 찾고 있나요?'는 You're looking for a post office, aren't you? 등으로 상대방의 행선지를 확인한다.

- 가지고 계신 주소를 보여 주시겠어요?

### Can I check the address you have?
캔 아이 첵 디 어드레스 유 햅

'약도'를 물어볼 때는 Can I have a look at the map you have?(가지고 계신 약도를 보여 주시겠어요?)

- 이 길을 똑바로 가세요.

### Go straight down this road.
고 스트레잇 다운 디쓰 로드

### Go straight up this road.
고 스트레이텁 디쓰 로드

### Go straight along this street.
고 스트레잇 어롱 디쓰 스트리트

상황에 따라 Go straight 뒤에 along, up, down 등을 붙여서 말하면 된다.

- 이 길을 3백 미터 정도 가세요.

### Follow this path for about three hundred meters.
팔로우 디쓰 패쓰 풔 어바웃 쓰리 헌드레드 미터스

### Walk along this street for three hundred meters or so.
월크 어롱 디쓰 스트리트 풔 쓰리 헌드레드 미터스 오어 쏘

## 10 교통

**Go about three hundred meters down this street.**
고 어바웃 쓰리 헌드레드 미터스 다운 디쓰 스트리트

- 두 번째 교차로에서 왼쪽으로 도세요.

**Turn left at the second crossroad.**
턴 래프트 앳 더 세컨ㄷ 크로스로드

**Turn left at the second corner.**
턴 래프트 앳 더 세컨ㄷ 코너

**Take the second left.**
테익 더 세컨ㄷ 래프트

'신호에서 오른쪽으로 도세요.'는 Turn right at the traffic lights[at the traffic signal].

- 모퉁이 바로 옆입니다.

**It's just around the corner.**
잇츠 저슷 어롸운드 터 코너

'모퉁이를 돌아서 두 번째 건물입니다.'는 It's the second building around the corner.

- 커피숍에서 왼쪽으로 돌면 오른쪽에 그 사무실이 있습니다.

**Turn left at the coffee shop, and you'll see the office on your right.**
턴 래프트 앳 더 커퓌 샵, 앤 유일 씨 디 오퓌스 온 유어 롸잇

**When you get to a coffee shop, turn left and you'll find the office on your right.**
웬 유 겟 투 어 커퓌 샵, 턴 래프트 앤 유일 파인드 디 오피스 온 유어 롸잇

'오른쪽에'는 on your right이라고 하며 on the right side는 어색하다.

- 주유소에서 오른쪽으로 돌면 왼쪽 백 미터 정도에 있습니다.

### Turn right at the gas station, and it's about a hundred meters on your left.
턴 롸잇 앳 더 개스 스테이션, 앤 잇츠 어바웃 어 헌드레드 미터스 온 유어 래프트

- 저기 버스 정류장이 보이죠?

### You see the bus stop over there?
유 씨 더 버스 스탑 오버 데어

- 거기서 도로가 갈라지니까 오른쪽 길을 가세요.

### The road forks there. Take the right fork.
더 로드 퓍스 데얼. 테익 더 롸잇 퓌크

'3차로니까 오른쪽 길을 가세요.' 는 The road forks into three there. Take the road on the right.

- 열차길과 평행하게 난 길을 가셔서 철길을 건너세요.

### Take the road which runs parallel to the railway tracks and cross the tracks.
테익 더 로드 위치 런스 페러렐 투 더 레일웨이 트랙스 앤 크로스 더 트랙스

'다리를 건너다' 도 cross the bridge·walk across the bridge··.

- 여기서는 길을 건널 수 없으니까 저 육교까지 내려가세요.

### You can't cross the road here. You'd better go down to that pedestrian overpass.
유 캔트 크로스 더 로드 히어. 유드 배러 고 다운 투 댓 퍼데스트리언 오버패스

A  Excuse me. Is this the right way for the hospital?
B  No, I'm afraid not. You'll have to go back the way you came.
A  I see. Thanks. Is it far?
B  No. It's only three minutes' walk (from here).

## 10 교통

실례지만 이 길이 병원 가는 길 맞나요?
아닌데요. 지금 오신 길을 되돌아 가셔야 해요.
알겠습니다. 고마워요. 멀어요?
아뇨. 여기서 걸어서 단지 3분 거리예요.

→ '그렇게 멀지 않아요.'는 It isn't very far. '쉽게 찾을 수 있어요.'는 You can't miss it.

---

■ 제가 그쪽 방향으로 가니까 모시고 갈게요.

### I'm going in that direction myself, so I'll take you there.
아임 고잉 인 댓 디렉션 마이셀프, 쏘 아일 테이큐 데어

### I'm just going that way, so I'll show you the way.
아임 저슷 고잉 댓 웨이, 쏘 아일 쇼 유 더 웨이

A  Do you know where the sports center is?
B  Yes, it's not far. Turn left there and go straight up the shopping street to the T-junction, turn right and then … oh, it's too complicated to explain! I'll take you there.

스포츠 센터가 어디 있는지 아세요?
예, 멀지 않아요. 저기서 왼쪽으로 돌아서 상점가를 똑바로 T자로까지 가서 오른쪽으로 돌고 그리고 설명하기가 복잡하군요! 제가 모셔다 드릴게요.

→ 설명하기 어려울 때는 Shall I draw you a map?(약도를 그려드릴까요?) 이라고 물을 수도 있다.

## 길을 가르쳐 줄 수 없을 때

- 저도 이곳은 처음 왔습니다.

**I'm a stranger around here myself.**
아임 어 스트레인저 어롸운 히어 마이셀프

**I'm a stranger around here, too.**
아임 어 스트레인저 어롸운 히어, 투

**I, too, am a stranger (around) here.**
아이, 투, 엠 어 스트레인저 (어롸운) 히어

**I'm new here, too.**
아임 뉴 히어, 투

**I've never been here before, either.**
아이브 네버 빈 히어 비풔, 이더

- 미안하지만, 이 지역은 잘 모릅니다.

**I'm sorry, but I don't know this area very well myself.**
아임 쏘리, 벗 아이 돈트 노우 디쓰 에어리어 베리 웰 마이셀프

**Sorry, but I don't know much about this neighborhood.**
쏘리, 벗 아이 돈트 노우 머취 어바웃 디쓰 네이버후드

'다른 사람에게 물어봐 드릴까요?' 는 Shall I ask someone else for you?

Real Talk

A  Excuse me. Could you tell me where the women's junior college is, please?
B  I'm afraid I don't know really.
A  I suppose I'd better find a police station, then. Thanks anyway.

실례지만 여자 전문대학이 어디 있는지 가르쳐 주시겠습니까?
잘 모르겠는데요.

## 10  교통

그럼 파출소를 찾는 게 좋을 것 같군요. 어쨌든 감사합니다.
→ Thanks anyway. 또는 Thanks just the same.은 '어쨌든 감사합니다.'

A  If you go down these stairs to the first floor and turn left, you could ask at the office.
B  Down to the first floor and turn left?
A  Yes. The office is about halfway down the corridor on the right.
B  That's very helpful of you. Thank you very much.
A  You're welcome. I hope you find it!

1층까지 내려가서 왼쪽으로 돌면 사무실이 있는데 거기서 물어보면 돼요.
1층까지 내려가서 왼쪽으로 돌라고요?
예, 그 사무실은 복도 중앙쯤에 오른쪽으로 있어요.
도와주셔서 감사합니다.
천만에요. 꼭 찾으시길 바라요!

## 역이나 차 안에서

■ 당신은 열차를 잘못 탄 것 같은데요.
### I'm afraid you're on the wrong train.
아임 어프레이드 유어 온 더 렁 트레인

■ 서울역에서 새마을호를 타고 수원에서 내리세요. 급행의 첫 정거장입니다.
### Take the Seamaul Express from Seoul Station and get off at Suwon. It's the first express stop.
테익 더 새마을 익스프레스 프럼 서울 스테이션 앤 겟 오프 앳 수원, 잇츠 더 풔스트 익스프레스 스탑

**Real Talk**

A  What's the best way to get to Myung-dong?
B  You can take a bus, but the quickest way is to take the subway.

명동은 어떻게 가야 가장 좋아요?
버스를 타도되지만 지하철이 가장 빨라요.

→ '(교통기관을) 이용하다'는 take a bus, take the subway, take a train 처럼 take를 쓴다. '어떤 교통기관을 이용해야 합니까?'는 Which type of transportation should I take?

A  How can I go to Kimpo Airport?
B  Well, if I were you, I'd take the subway. The bus tends to get stuck in the traffic.

김포공항에는 어떻게 갑니까?
저라면 지하철을 타겠어요. 버스는 정체에 걸릴 수도 있으니까요.

A  Excuse me. Does this train go to Dongdaemoon?
B  No, it doesn't. You'll have to change at City Hall to Line I for Chongryangni. It's the seventh stop from City Hall.

실례지만 이 열차는 동대문에 갑니까?
가지 않아요. 시청에서 청량리행 1호선으로 갈아타세요. 시청에서 7번째 역이에요.

■ 당신이 내리는 역은 여기에서 5번째 역입니다.

## Your station is the fifth stop from here.
유어 스테이션 이즈 더 피프쓰 스탑 프롬 히어

## Your station is five stops from here.
유어 스테이션 이즈 파이브 스탑스 프롬 히어

10 교통

> **Real Talk**
> A  Where does the train leave from?
> B  It leaves from platform 12 in twenty minutes.
> 그 열차는 어디에서 출발하죠? / 20분 뒤에 12번 플랫폼에서 떠나요.

■ 특급은 타지 마세요.

### Make sure you don't take a limited express.
메익 슈어 유 돈ㅌ 테이커 리미티드 익스프레스

■ 그 역에는 정차하지 않으니까요.

### It doesn't stop there.
잇츠 더즌ㅌ 스탑 데어

■ 이것은 급행입니까, 완행입니까?

### Is this an express or a local train?
이즈 디쓰 언 익스프레스 오어 어 로컬 트레인

■ 이 자동매표기의 표를 사지 마세요. 지하철용이니까요.

### Don't buy a ticket from these machines- they're for the subway.
돈ㅌ 바이 어 티켓 프럼 디즈 머신스-데이어 퓌 더 썹웨이

ticket window(표를 파는 창구), gate[ticket] barrier(개찰구)

■ 잠깐만 기다리세요. 차장에게 물어봐 드릴게요.

### Just a moment, please. I'll ask the conductor for you.
저스터 모먼, 플리즈. 아일 애슥 더 컨덕터 퓌 유

'역무원(1명)'은 a station employee 또는 one of the station staff라고 한다.

# 11 취미와 여가

**What do you do for fun?**
왓 두 유 두 풔 펀

**I'm pretty good at cooking.**
아임 프리티 굿 앳 쿠킹

사람을 사귈 때 가장 먼저 물어보는 것이 아마 취미가 뭐냐는 거죠? 뭘 좋아하는지 알아야 그 사람의 성향을 파악하기도 쉽고, 화제를 선택하기도 쉬워질 테니까요. What is your hobby?(취미가 뭡니까?) What are you interested in?(무엇에 흥미가 있습니까?) 상대가 좀 특별한 취미를 갖고 있다면 어떻게 그런 취미를 갖게 됐는지도 궁금하겠죠? What made you start your hobby?(어떻게 그 취미를 시작했습니까?)라고 물어보세요!

## 11 취미와 여가

### 취미에 대해서

■ 취미가 뭐예요?

**What are your hobbies?**
워라유어 하비스

**What do you do for fun?**
왓 두 유 두 풔 펀

**What's your favorite pastime?**
왓스 유어 페이버릿 패스타임

**What are you interested in?**
워라유 인터리스티드 인

What's your favorite pastime?과 What's your hobby?는 다르다. favorite은 '매우 좋아하는, 마음에 드는'의 뜻이다. pastime은 '오락, 레크리에이션'으로 이것을 짜 맞추면 우리말의 취미에 가장 가까운 말이 된다. 영어사전에는 '취미'가 hobby로 되어 있지만, 이것은 도예나 우표수집 등 어느 정도 특수한 지식이나 기능을 필요로 하는 것에 대하여 쓰는 말이다. 그렇기 때문에 드라이브나 독서, 영화 감상 등을 my hobby라고는 말할 수 없다.

A  Do you have any particular hobbies?
B  Not any more, though I used to collect old coins.

특별한 취미가 있어요?
아뇨, 지금은 별다른 취미는 없어요. 그렇지만 전에는 옛날 동전을 수집했어요.

→ Do you have any hobbies in particular?라고 물어도 같은 의미이다. Yes, I have a lot (of hobbies).(예, 많아요.) 외에 No, not really. I never seem to have enough time to do anything.(그다지 취미는 없어요. 무엇을 하려고 해도 도무지 시간이 나질 않아요.) 등으로 대답할 수도 있을 것이다.

A  What do you do for fun?
B  Nothing in particular. I spend most of the time just talking with friends or watching TV.

재미있게 하는 일이 있으세요?
별로요. 대개의 시간은 친구들과 잡담하든지 텔레비전을 보며 지내고 있어요.

A How do you like to spend your free time?
B It depends on how much I have. If I have enough time, I like to travel.

어떻게 여가를 보내고 싶으세요?
얼마나 시간이 있느냐에 따라 다릅니다. 시간이 충분히 있다면 여행을 가고 싶어요.

A How do you amuse yourself after work?
B I often go to bars or discos with my colleagues.

퇴근 후에는 어떻게 지내세요?
동료들과 바나 디스코장에 자주 갑니다.

A How do you normally spend your weekends?
B Oh, in lots of different ways. Variety is very important, you know.

주말은 대개 어떻게 보내세요?
여러 방법이 있어요. 다양하게 지내는 것이 중요하잖아요.

A Do you have any special interests other than your job?
B Yes. I'm taking lessons in flower arranging.

업무 외에 무엇에 특히 관심이 있으세요?
예, 지금 꽃꽂이를 배우고 있어요.

---

■ 취미 가운데 하나는 기념우표를 모으는 것입니다.

# One of my hobbies is collecting commemorative stamps.

원 옵 마이 하비스 이즈 콜렉팅 커메머레이티브 스탬프스

## 11 취미와 여가

'(유명인 등의) 사인을 모으는 것' 이면 collecting autographs, '외국 인형을 모으는 것' 이면 collecting foreign dolls라고 한다.

■ **골동품 수집에 흥미가 있습니다.**

### I'm interested in collecting antiques.
아임 인터리스티드 인 콜렉팅 앤틱스

■ **요리를 꽤 잘합니다.**

### I'm pretty good at cooking.
아임 프리티 굿 앳 쿠킹

'뜨개질이나 바느질' 이면 I'm interested in knitting and sewing.

■ **애완동물을 기르는 것 같은 실내 취미는 있으세요?**

### Do you have any indoor hobbies, such as keeping pets?
두 유 해배니 인도어 하비스, 서치 애즈 키핑 펫츠

■ **스냅사진을 찍는데 흥미가 있어서 제가 찍은 사진은 현상해서 완성합니다.**

### I'm interested in taking snapshots. I develop and finish all my own pictures.
아임 인터리스티드 인 테이킹 스냅샷츠. 아이 디벨롭 앤 피니쉬 올 마이 오운 픽쳐스

■ **취미가 두 가지 있는데 모형 비행기를 만드는 것과 기타를 치는 것입니다.**

### I have two hobbies; making plastic model planes and playing the guitar.
아이 햅 투 하비스; 메이킹 플라스틱 모델 플랜스 앤 플래잉 더 기타

■ **전에는 목공예였는데 최근에는 유화를 그리고 있습니다.**

### I used to enjoy wood carving, but recently I've taken to oil painting.
아이 유스터 엔조이 우드 카빙, 벗 리센틀리 아이브 테이큰 투 오일 페인팅

- 전에는 전축을 꾸몄는데 요즘에는 개인용 컴퓨터로 바꾸었습니다.

  **I used to make stereo units, but I've switched to personal computers.**
  아이 유스터 메익 스테레오 유닛츠, 벗 아이브 스위치드 투 퍼스널 컴퓨터스

- 술을 많이 마시는데 취미나 오락도 아니지요. 나쁜 버릇일 뿐입니다.

  **I drink a lot, but it's neither a hobby nor an amusement. It's just a bad habit.**
  아이 드링크 어 랏, 벗 잇츠 니더 어 하비 노어 언 어뮤즈먼트. 잇츠 저스터 배드 하빗

- 아무나 하고 이야기하는 것이 취미라고 한다면 취미라고 할까요.

  **Talking with everyone would be my hobby, if I could call it a hobby at all.**
  토킹 위드 애브리원 우드 비 마이 하비, 이프 아이 쿠드 콜 잇 어 하비 앳 올

## 여가활동

- 여가활동으로는 무얼 하세요?

  **What do you do for recreation?**
  왓 두 유 두 풔 레크리에이션

  **What do you do for fun?**
  왓 두 유 두 풔 펀

- 한가할 때는 무얼 하세요?

  **What do you do in your spare time?**
  왓 두 유 두 인 유어 스페어 타임

  **What do you do in your free time?**
  왓 두 유 두 인 유어 프리 타임

## 11 취미와 여가

**How do you like to spend your free time?**
하우 두 유 라익 투 스펜드 유어 프리 타임

- 일요일에는 무얼 하세요?

**What do you do on Sundays?**
왓 두 유 두 온 썬데이즈

**How do you normally spend Sundays?**
하우 두 유 노멀리 스펜드 썬데이즈

- 자주 집 근처를 산책합니다.

**I often take a stroll in my neighborhood.**
아이 오픈 테이커 스트롤 인 마이 네이버훗

- 시간이 있으면 하이킹이나 피크닉을 합니다.

**I go hiking or picnicking whenever I have time.**
아이 고 하이킹 오어 피크니킹 웬애버 아이 햅 타임

- 여름에는 시골에 갑니다만 겨울에는 동네를 뛰는 정도입니다.

**In summer I get out into the country, but in winter I just jog around my neighborhood.**
인 썸머 아이 겟 아웃 인투 더 컨추리, 벗 인 윈터 아이 저슷 조그 어롸운드 마이 네이버훗

- 일요일에는 호수로 보트를 타러 갑니다.

**I go rowing on the lake on Sundays.**
아이 고 로우잉 온 더 레이크 온 썬데이즈

- 나는 운동은 그렇게 잘하지 못하는데요.

**I'm afraid I'm not a good athlete.**
아임 어프레이드 아임 낫 어 굿 애슬릿

**I'm not much of a sportsman, I'm afraid.**
아임 낫 머취 오버 스포츠맨, 아임 어프레이드

## I'm not good at sports, I'm afraid.
아임 낫 굿 앳 스포츠, 아임 어프레이드

대화가 끊기지 않도록 I don't have enough stamina. It's probably because I had tuberculosis when I was a child.(그다지 활력이 없습니다. 어렸을 적에 결핵을 앓았기 때문인 것 같습니다.) 등으로 말한다.

- 요즘에는 운동을 못하고 있어요.

## I haven't had much exercise recently.
아이 해븐트 해드 머취 엑서사이즈 리센틀리

A I can't sleep properly these days.
B That's probably due to a lack of exercise. Why don't you take up some kind of sport?

요즘 푹 잘 수가 없어요.
아마 운동이 부족해서 그럴 겁니다. 운동을 좀 해보는 건 어떠세요?

→ sport는 원래 '기분 전환'의 의미로 hunting(사냥), fishing(낚시), horse racing(경마) 등을 포함하며 한국에서 말하는 '스포츠'보다는 범위가 넓다.

- 이것저것 해보았습니다만 곧 싫증났습니다.

## I try this and that, but I always get tired very quickly.
아이 트롸이 디쓰 앤 댓, 벗 아이 올웨이즈 겟 타이어드 베리 퀴클리

- 조깅을 했었는데 곧 그만 두었어요.

## I once took up jogging, but I gave it up very soon.
아이 원스 툭컵 자깅, 벗 아이 게이브 잇 업 베리 쑨

'잘 맞지 않는 것 같더군요.'는 I suppose I'm just not very fit.

- 수영은 기분 전환도 되고 건강에도 좋습니다.

## Swimming's relaxing and it's very good for you.
스위밍스 리렉싱 앤 잇츠 베리 굿 풔 유

203

## 11 취미와 여가

- 수영은 잘 못합니다.

    **I'm not a good swimmer.**
    아임 낫 어 굿 스위머

- 뜰 수는 있는데 헤엄 칠 수는 없어요.

    **I can float, but I can't move around.**
    아이 캔 플롯, 벗 아이 캔트 무브 어롸운드

### 스포츠

- 어떤 스포츠를 좋아하세요?

    **Do you go in for any sports?**
    두 유 고 인 풔 애니 스포츠

    **Do you do much in the way of sports?**
    두 유 두 머취 인 더 웨이 옵 스포츠

    **Are you interested in any sports?**
    알 유 인터리스티드 인 애니 스포츠

    **Are you interested in sports at all?**
    알 유 인터리스티드 인 스포츠 앳 올

    '스포츠를 하다'라고 해서 do sports 또는 play sports라고는 하지 않는다. enjoy, practice, take part in, engage 등을 이용하는 게 보통이다.

- 어떤 스포츠를 하세요?

    **Which sport do you take part in?**
    위치 스폿 두 유 테이크 파트 인

    **What sports do you practice?**
    왓 스포츠 두 유 프렉티스

    **What sports are you into?**
    왓 스포츠 알 유 인투

    into는 '~에 열중하여'라는 느낌이 있다. 물론 What sport do you like best?(어떤

스포츠를 가장 좋아하세요?)라고 물어도 상관없다.

**Real Talk**

A  Are you interested in sport at all?
B  Yes, very much. I spend a lot of my free time playing something or other.

스포츠에 흥미가 있습니까?
예, 많아요. 시간이 있으면 무엇이나 하고 있습니다.

A  What sports do you do?
B  Almost any kind. I like swimming, skiing, tennis, soccer, wind-surfing, and many others.

어떤 스포츠를 하세요?
스포츠는 무엇이나 해요. 수영, 스키, 테니스, 축구, 윈드서핑과 다른 것도 좋아해요.

→ 스포츠에 열심인 사람을 a keen sportsman이라고 한다.

■ 골프와 야구를 합니다.

## I play golf and baseball.
아이 플레이 골프 앤 베이스볼

■ 전에는 배구와 농구를 했습니다.

## I used to play volleyball and basketball.
아이 유스터 플레이 발리볼 앤 바스켓볼

play를 사용하는 운동은 football, soccer, tennis, badminton, ping-pong 등이 있다.

■ 유도, 태권도, 궁도를 합니다.

## I do judo, taekwondo and archery.
아이 두 쥬도, 태권도 앤 아처리

do를 사용하는 운동은 fencing, wrestling, weight-lifting 등이 있다.

## 11. 취미와 여가

- **여름에는 수영을, 겨울에는 스키나 스케이트를 탑니다.**

  **I go swimming in summer, and I go skiing or skating in winter.**

  아이 고우 스위밍 인 썸머, 앤 아이 고 스킹 오어 스케이팅 인 윈터

  "go -ing"형을 쓰는 것에는 yachting(요트), wind-surfing(윈드서핑), cycling(사이클), bowling(볼링) 등이 있다.

- **최근 스쿼시를 시작했습니다.**

  **I've taken up squash recently.**

  아이브 테이큰 업 스쿼시 리센틀리

- **지금은 겨울 스포츠에 빠져 있습니다.**

  **I'm keen on winter sports.**

  아임 킨 온 윈터 스포츠

A  Do you go in for boxing?
B  No, I don't, but I'm pretty good at judo, taekwon -do and fencing.

권투 좋아하세요?
아뇨. 유도, 태권도, 펜싱은 잘합니다.

- **사이클과 승마를 좋아합니다.**

  **I like cycling and horseback riding.**

  아이 라익 사이클링 앤 호ㄹ스백 라이딩

- **전에는 육상을 잘 했습니다.**

  **I used to be good at track and field.**

  아이 유스터 비 굿 앳 트랙 앤 필드

- 어릴 때부터 등산을 좋아했습니다.

### I've been interested in mountain climbing since I was a child.
아이브 빈 인터리스티드 인 마운틴 크라이밍 씬스 아이 워즈 어 차일드

'I've(I have) + 과거분사'는 2가지 의미가 있다. 첫째 '계속 ~해왔다'라는 '계속'을 나타내는 것과, 둘째 '~한 적이 있다'라는 '경험'을 나타내는 것이다. 경험해 온 기간은 for ~로 나타낸다. I've played ~. 등과 같이 계속을 나타내는 표현은 현재가 중심이 되므로 '지금까지 ~년간' 이나 '~부터 지금까지'와 같이 기간, 시기를 나타내는 부분이 뒤에 온다. 기간을 나타낼 경우에는 for를 쓰고 '~부터'라는 시기를 나타낼 때는 since를 쓴다. 경험을 나타내는 경우에는 횟수를 뒤에 쓴다. 1회는 once, 2회는 twice, 3회부터는 three times, four times와 같이 수 뒤에 times를 붙인다.

- 팀으로 하는 스포츠는 좋아하지 않아요.

### I don't go in for team sports very much.
아이 돈트 고 인 풔 팀 스포츠 베리 머취

### I don't do much in the way of team sports.
아이 돈트 두 머취 인 더 웨이 옵 팀 스포츠

go in for는 '좋아하다'라는 의미로 자주 사용된다. soccer 등이 team sports이다.

- 저는 골프나 볼링 같은 개인으로 하는 스포츠를 좋아합니다.

### I like games played by individuals like golf or bowling.
아이 라익 게임스 플레이드 바이 인디비쥬얼스 라이크 골프 오어 볼링

gymnastics(체조), surfing(서핑), yachting(요트)과 같이 '혼자서 하는 스포츠'를 participant sports라고 한다.

A  I jog every day, and I swim and cycle three times a week.

B  It sounds as if you ought to do a triathlon.

조깅은 매일, 수영과 자전거는 주 3회 하고 있습니다.
마치 3종 경기를 하고 있는 것 같군요.

## 11 취미와 여가

- **스포츠는 하는 것보다 보는 것에 흥미가 있습니다.**

    **I'm more interested in watching sports than taking part in them.**
    아임 모어 인터리스티드 인 워칭 스포츠 댄 테이킹 파트 인 댐

    야구, 씨름, 프로레슬링(pro-wrestling), 볼링 등 직접 하지는 않지만 '관전하며 즐기는 스포츠'를 spectator sports라고 한다.

- **직접 야구를 하지는 않지만 밤에 항상 텔레비전으로 야간 경기를 봅니다.**

    **I don't play baseball, but I always spend the evening watching night games on television.**
    아이 돈트 플레이 베이스볼, 벗 아이 올웨이즈 스펜드 디 이브닝 워칭 나잇 게임스 온 텔레비전

    '야간 경기'는 night game 또는 night baseball이라고 한다.

- **권투 경기 보는 것을 좋아하세요?**

    **Do you like watching boxing matches?**
    두 유 라익 워칭 박싱 매취스

- **유도 시합을 관람한 적이 있습니까?**

    **Have you ever seen a judo match?**
    해뷰 에버 씬 어 쥬도 매취

    game(야구 등의 경기)과 match(2인 또는 2조가 싸우는 경기)를 구별해서 써야 한다.

    다음은 아주 좋아한다는 것에서부터 아주 싫어한다는 것까지의 표현을 순서대로 정리한 것이다. 뉘앙스의 차이를 확인해 보자.

    I love movies.(영화를 아주 좋아합니다.)

    I really like movies.(영화를 정말 좋아합니다.)

    I like movies.(영화를 좋아합니다.)

    I don't like movies very much.(영화를 그렇게 좋아하지 않습니다.)

    I don't like movies.(영화를 좋아하지 않습니다.)

    I really don't like movies.(영화를 싫어합니다.)

    I hate movies.(영화를 아주 싫어합니다.)

- 텔레비전으로 피겨 스케이팅을 관전하는 것은 재미있지요?

**It's fun to watch figure skating on TV, isn't it?**
잇츠 펀 투 워치 피규어 스케이팅 온 티비, 이즈닛

- 이번 주말에 잠실 경기장에 가지 않겠습니까?

**Would you like to come to the Chamsil Stadium with me this weekend?**
우쥬 라익 투 컴 투 더 잠실 스타디움 위드 미 디쓰 위켄드

> **Real Talk**
>
> A  Who's playing who?
> B  The Giants against the Twins, of course.
>
> 누구와 누가 경기를 하죠? / 자이언츠 대 트윈스예요.
>
> → '프로야구'는 professional baseball이라고 한다.
>
> A  Who's going to be on the mound for the Giants?
> B  Jongsuk Yum may be the starting pitcher.
> A  The first batter has struck out.
> B  That's too bad.
>
> 자이언츠에서는 누가 등판하죠? / 염종석이 선발 투수일 겁니다.
> 첫 타자가 삼진이군요. / 안됐어요.
>
> → '삼진시키다' 또는 '삼진당하다'는 strike out, fan out이라고 한다.

- 와! 깨끗한 안타군요.

**Wow! There's a fine hit.**
와우! 데어즈 어 파인 힛

**A terrific hit!**
어 테러픽 힛

**Wasn't that a good hit?**
와즌트 댓 어 굿 힛

## 11  취미와 여가

- 재미있죠?

### It's exciting, isn't it?
잇츠 익사이팅, 이즈닛

- 유격수는 수비는 잘하지만 강타자는 아니군요.

### The shortstop is a good fielder, but not much of a slugger.
더 숏스탑 이즈 어 굿 필더, 벗 낫 머취 오버 슬러거

A  What's the score now?
B  The Giants are losing by two runs.
　　지금 점수는 어떻게 됐습니까? / 자이언츠가 2점 지고 있어요.
→ '지금 스코어는 2:0입니다.'는 Now the score's two to nothing.이다.

- 9회 말입니다.

### This is the bottom of the last inning.
디쓰 이즈 더 버텀 옵 더 라스트 이닝

'7회 초'는 the top·first half· of the seventh inning이라고 한다.

- 만루입니다.

### The bases are loaded.
더 베이시스 알 로디드

A  Now comes the winning chance for the Giants.
B  But there're already two outs. There's little hope of the Giants' winning.
　　자이언츠가 기회를 잡았군요.
　　그런데 벌써 2아웃이에요. 자이언츠가 이길 가망이 없어요.

- 타자가 누굽니까?

### Who is at bat?
후 이즈 앳 뱃

The Giants are at bat.은 '자이언츠 공격입니다.'

- 볼 카운트는 투 쓰리.

### The count is three balls and two strikes.
더 카운트 이즈 쓰리 볼스 앤 투 스트라익스

- 마지막 피칭이군요.

### Now here's the last pitch.
나우 히어즈 더 라슷 피치

- 접전이었어요.

### It was a really close game, wasn't it?
잇 워저 어 리얼리 클로우즈 게임, 워즈닛

'정말 재미있었지요?'는 It was really fantastic, wasn't it? 또는 It was a breath-taking game, wasn't it?(손에 땀을 쥐는 경기였지요?) '역전이에요.'는 That's an upset.

 여러 가지 스포츠

- 미식축구는 미국에서 가장 인기 있는 경기 중 하나예요.

### American football is one of the most popular sports in the United States.
어메리컨 풋볼 이즈 원 옵더 모스트 파퓰러 스포츠 인 더 유나이티드 스테이츠

**Real Talk**
A  We don't play baseball in England.
B  I know. You play that weird game cricket over there, don't you?

211

## 11. 취미와 여가

A Yes, but it isn't that strange. It's a great game, actually.

영국에서는 야구를 하지 않아요.
알아요. 그곳에서는 크리켓이라는 묘한 경기를 하지요?
예, 그렇지만 그렇게 이상하지 않아요. 사실 재미있는 경기예요.

- 대학 기숙사의 룸메이트가 아이스하키 선수였어요.

**My roommate in the college dormitory was an ice-hockey player.**
마이 룸메이트 인 더 칼리쥐 도미터리 워즈 언 아이스-하키 플레이어

- 그래서 아직 아이스하키 경기 결과에 관심이 있어요.

**That's why I'm still interested in the results of ice-hockey games.**
댓스 와이 아임 스틸 인터리스티드 인 더 리절츠 옵 아이스-하키 게임스

- 스키 점프나 봅슬레이 같은 겨울 스포츠를 좋아합니다.

**I like winter sports like ski-jumping and bob-sleighing.**
아이 라익 윈터 스포츠 라이크 스키-점핑 앤 밥슬레잉

- 여름에는 자주 다이빙, 요트, 윈드서핑 등을 하러 갑니다.

**In the summer I often go diving, yachting or wind-surfing.**
인 더 썸머 아이 오픈 고 다이빙, 요팅 오어 윈드-서핑

- 아버지는 등산가여서 암벽 등반을 잘하셨어요.

**My father was a mountain climber. He was good at rock-climbing.**
마이 파더 워즈 어 마운틴 크라이머. 히 워즈 굿 앳 록-클라이밍

- 골프 핸디는 15이지만 실력이 떨어진 것 같아요.

**My golf handicap is fifteen, but I'm afraid I'm out of practice.**

마이 골프 핸디캡 이즈 피프틴, 벗 아임 어프레이드 아임 아웃 옵 프렉티스

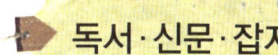

## 독서·신문·잡지

- 바빠서 느긋하게 독서할 시간이 없습니다.

**I'm so busy that I have no time for leisurely reading.**

아임 쏘 비지 댓 아이 햅 노 타임 풔 리쥬얼리 리딩

- TV 보는 시간을 줄이고 독서를 더 해야겠습니다.

**I really ought to watch TV less and read more.**

아이 리얼리 오웃 투 워치 티비 레쓰 앤드 리드 모어

**Real Talk**

A Do you read a lot?
B Not as much as I should. I only ever seem to have time to read when I'm on the train.

책을 많이 읽으세요?
생각하는 것만큼은 읽지 못해요. 책을 읽을 시간이라고 하면 열차에 타고 있을 때 정도예요.

→ 물론 Yes, of course.라고 대답하는 사람도 있을 것이다.

A What do you like to read?
B I read anything I can get my hands on.

무슨 책을 좋아하세요?
손에 잡히는 대로 아무거나 읽어요.

213

## 11 취미와 여가

- 대중문학을 좋아합니다.

### I like popular literature.
아이 라익 파퓰러 리터레쳐

detective stories(탐정소설), art book(미술서), travel books(여행서), economics and business books(경제·경영서)

- 비소설이나 만화 주간지도 읽습니다.

### I read nonfiction books, and weekly comics as well.
아이 리드 논픽션 북스, 앤 위클리 코믹스 애즈 웰

- 한국 작가의 영역본을 읽어본 적이 있으세요?

### Have you ever read any English translations of Korean authors?
해뷰 에버 리드 애니 잉글리쉬 트랜스레이션스 옵 코리언 어덜스

A How do you choose what to read?
B I make sure I read book reviews and advertisements in the newspaper.

읽을 책을 어떻게 고르세요?
신문에 나오는 서평이나 광고를 보고 결정해요.

→ And I order some from the publishers.(그리고 출판사로 몇 권 주문하지요.)라는 사람도 있을 것이다.

- 문고본으로 된 양서를 찾고 있습니다.

### I try to find good works published in paperback.
아이 트라이 투 파인드 굿 웍스 퍼블리쉬드 인 페이퍼백

- 문학에 정통하지요?

## You're quite a literary person, aren't you?
유어 콰잇터 리터레리 퍼슨, 안츄

'문학에 소양이 있는 사람'을 literary person이라고 한다. current literature(현대문학), classical literature(고전문학), juvenile literature / children's stories / fairy tales(아동문학)

- 좋아하는 작가는 누구입니까?

## Who's your favorite author?
후즈 유어 페이버릿 어덜

- 현재 베스트셀러가 뭐죠?

## What's the bestseller at the moment?
왓스 더 베스트셀러 앳 더 모먼트

A  Which newspapers do you take?
B  I don't take any. I just glance at the front page in the office.

무슨 신문을 구독하세요?
보고 있지 않아요. 회사에서 1면을 잠깐 볼 정도예요.

- 한국에서 발행되는 영어 신문 중에 어느 것이 제일 좋다고 생각하세요?

## Which do you think is the best English newspaper published in Korea?
위치 두 유 씽크 이즈 더 베슷 잉글리쉬 뉴스페이퍼 퍼블리쉬드 인 코리어

- 광고나 만화를 보고 나서 사설을 읽습니다.

## I read the editorial after looking through the advertisements and cartoons.
아이 리드 디 에디셔널 애프터 룩킹 쓰루 디 어드버타이즈먼츠 앤드 카툰스

## 11 취미와 여가

the sports page(스포츠면)부터 읽는 사람도 있고 the radio and TV listings(라디오·TV란)만을 읽는 사람도 있을 것이다.

- **무슨 잡지를 좋아하세요?**

  ### What kind of magazines do you like?
  왓 카인돕 매거진스 두 유 라익

- **타임지와 뉴스위크지를 정기구독하고 있어요.**

  ### I'm a subscriber to TIME and Newsweek.
  아이머 섭스크라이버 투 타임 앤 뉴스윅

  ### I have a subscription to TIME and Newsweek.
  아이 해버 섭스크립션 투 타임 앤 뉴스윅

  '구독료는 얼마입니까?'는 What's the subscription fee?

- **제가 쉽게 읽을 수 있는 영어 잡지를 소개해 주시겠어요?**

  ### Could you recommend any English magazines easy enough for me to read?
  쿠쥬 리커맨드 애니 잉글리쉬 매거진스 이지 이너프 풔 미 투 리드

## 텔레비전

- **TV에서는 지금 무얼 하고 있습니까?**

  ### What's on TV now?
  왓스 온 티비 나우

  '무슨 재미있는 TV 프로 있어요?'는 Are there any interesting programs (on TV)?

  **Real Talk**
  A  Do you spend much time watching television?
  B  I try not to watch too much, but I suppose I probably watch an average of two or three hours a day.

텔레비전을 자주 보세요?
많이 보려고는 하지 않는데 하루 평균 2~3시간은 보는 것 같아요.

- 여기에서는 무슨 채널을 볼 수 있어요?

  **What channels can you get here?**
  왓 채널스 캔 유 겟 히어

  '이 텔레비전은 잘 나와요?'는 Do you get a good picture on this television?

- 텔레비전을 켜 주시겠어요?

  **Could you turn on the television?**
  쿠쥬 턴 온 더 텔레비전

- 소리를 줄여주세요.

  **Please turn down the volume.**
  플리즈 턴 다운 더 볼륨

- (텔레비전을) 끌까요?

  **Shall we turn it off?**
  쉘 위 턴 잇 오프

- 이 드라마는 젊은 여성에게 아주 인기 있어요.

  **This drama serial is very popular among young girls.**
  디쓰 드라마 시리얼 이즈 베리 파퓰러 어몽 영 걸스

  TV serial drama(연속극), historical plays(역사물), melodrama(멜로드라마), soap opera(주부를 대상으로 하는 연속극)

- 매일 밤 9채널 뉴스를 봅니다.

  **I watch the news on Channel nine every night.**
  아이 워치 더 뉴스 온 채널 나인 애브리 나잇

11 취미와 여가

■ 버라이어티 쇼는 자주 보지 않아요.

## I don't often watch variety shows.
아이 돈트 오픈 워치 버라이어티 쇼우즈

**Real Talk**

A Didn't you see that quiz program last night? It was really exciting.
B No, I didn't. All quiz programs sound stupid to me.

어제 퀴즈 프로 보셨어요? 정말 재미있었어요.
보지 않았어요. 퀴즈 프로는 전부 시시해요.

A Don't you think a lot of TV programs are really awful?
B Yes, I think so, but there are some good movies shown in the middle of the night.

TV 프로에는 정말 변변치 못한 것이 많다고 생각지 않으세요?
예, 그렇게 생각해요. 하지만 심야에 괜찮은 영화도 해요.

■ 좋아하는 프로는 녹화해 두었다가 나중에 봅니다.

## I record my favorite programs on videotape, and enjoy replaying them later.
아이 레코드 마이 페이버릿 프로그램스 온 비디오테잎, 앤 인조이 리플레잉 뎀 래이터

■ 오늘 밤 9시 반부터 11채널에서 '햄릿'을 방영해요. 녹화 좀 해주시겠어요?

## "Hamlet" is on Channel 11 tonight at 9:30. Could you tape it for me?
"햄릿" 이즈 온 채널 일레븐 투나잇 앳 나인:써티. 쿠쥬 테잎 잇 풔 미

'녹화하다'는 tape · videotape · ~, 또는 record ~ on videotape

- 때때로 비디오점에서 비디오를 빌려 봅니다.

  **I sometimes borrow videos from the rental video shop.**
  아이 썸타임즈 바로우 비디오스 프럼 더 렌털 비디오 샵

- 이 라디오로 해외방송을 몇 가지 수신할 수 있습니다.

  **I can pick up some overseas broadcasts with this radio set.**
  아이 캔 픽 업 썸 오버씨즈 브로드캐스츠 위드 디쓰 레이디오 셋

- MBC에서는 무슨 프로를 해요?

  **What's on MBC?**
  왓스 온 엠비씨

## 음악·영화·연극

- 음악 듣는 것을 좋아합니다.

  **I'm interested in listening to music.**
  아임 인터리스티드 인 리스닝 투 뮤직

  **I like listening to music.**
  아이 라익 리스닝 투 뮤직

- 클래식을 좋아해요. 특히 모차르트에 빠져 있습니다.

  **I like classical music. I'm especially keen on Mozart.**
  아이 라익 클래시컬 뮤직. 아임 이스펙셜리 킨 온 모차르트

- 현대 음악은 전혀 모릅니다.

  **I've got no ear for modern music.**
  아이브 갓 노 이어 풔 모던 뮤직

## 11  취미와 여가

**Real Talk**

A  Do you like music?
B  Yes, I do. I spend most of my time listening to music. I'm a bit of a fanatic, I suppose.
A  That's great! So am I.

음악 좋아하세요?
예, 좋아해요. 시간이 나면 음악을 들어요. 약간 광적인 면도 있는 것 같아요.
좋아요! 저도 그래요.

→ Are you a music fan?이라고 물을 수도 있다.

A  What kind of music do you like?
B  I love pop music so much that I can't get to sleep without listening to some.

무슨 음악을 좋아하세요?
팝을 아주 좋아해서 조금이라도 듣지 않으면 잠이 오지 않아요.

→ '대중음악에 빠져 있습니다.'는 I'm crazy about popular music.

■ 기타 음악이라면 어떤 거라도 좋아합니다.
### I like any kind of guitar music.
아이 라익 애니 카인돕 기타 뮤직

■ 실내악보다 관현악을 좋아합니다.
### I prefer orchestral to chamber music.
아이 프리퍼 오케스트럴 투 체임버 뮤직

■ 비틀스 노래를 몇 곡 좋아합니다.
### I love some of the Beatles' songs.
아이 럽 썸 옵더 비틀즈 쏭즈

- 재즈 CD를 많이 모았습니다.

### I've collected a lot of jazz CDs.
아이브 컬렉티드 어 랏 옵 재즈 씨디즈

CD는 compact disk의 약자. '클래식 레코드를 많이 가지고 있는 것이 자랑입니다.' 는 I'm proud of having a big collection of classical records.

- 최고급 CD가 달린 스테레오를 방금 샀습니다.

### I've just bought a complete set of stereo units with a top quality CD player.
아이브 저슷 보웃터 컴플릿 셋 옵 스테레오 유닛츠 위드 어 탑 퀄리티 씨디 플레이어

- 음악을 틀까요?

### Shall I put some music on?
쉘 아이 풋 썸 뮤직 온

---

**Real Talk**

A  Do you play any musical instruments yourself?
B  Yes. I can play the piano.

연주할 수 있는 악기가 있어요? / 예, 피아노를 칠 줄 압니다.

→ I'm learning to play the guitar.(기타를 배우고 있어요.), I used to be fond of playing the flute.(전에는 플루트 연주를 좋아했어요.)

---

- 저 록 그룹의 콘서트 표가 두 장 있어요. 가시겠어요?

### I've got a couple of tickets for that rock group's concert. Would you like to come?
아이브 가러 커플 옵 티켓츠 풔 댓 락 그룹스 콘서트. 우쥬 라익 투 컴

'클래식 콘서트'는 a classical music concert이다.

- 리사이틀은 오늘 밤 몇 시부터입니까?

### What time is the recital this evening?
왓 타임 이즈 더 리사이틀 디쓰 이브닝

## 11 취미와 여가

- 무엇을 공연합니까?

### What's on the program?
왓스 온 더 프로그램

'(연주되는 곡의) 작곡자'를 물을 때는 Who's the composer?, '지휘자'를 물을 때는 Who's conducting the orchestra?

- 춤을 잘 추시겠네요.

### You must be a good dancer.
유 머스트 비 어 굿 댄서

'이 왈츠를 출까요?'는 Shall we dance this waltz?

- 당신 나라에서 유명한 민요를 한 곡 불러 주시겠어요?

### Why don't you sing us a folk song that's well known in your country?
와이 돈츄 씽 어스 어 포크 쏭 댓스 웰 노운 인 유어 컨추리

- 미안합니다, 음치라서요.

### Sorry, but I'm tone-deaf.
쏘리, 벗 아임 톤-디프

### Sorry, but I won't sing. I'm a terrible singer, you know.
쏘리, 벗 아이 원트 씽. 아임 어 테러블 씽어, 유 노우

- 지금 무슨 영화를 상영하고 있어요?

### What movies are playing now?
왓 무비스 알 플레잉 나우

### What movies are out now?
왓 무비스 알 아웃 나우

### What's showing?
왓스 쇼우잉

- 무슨 영화를 좋아하세요?

## What kind of movie do you like?
왓 카인돕 무비 두 유 라익

Westerns/cowboy movies(서부영화), an SF/a science fiction(SF영화)

**Real Talk**
A  Do you go to the movies very often?
B  Yes, I do. I see more than five films a month. I suppose I'm quite a movie buff.

영화 보러 자주 가세요?
예, 한 달에 5편 이상 봅니다. 영화광이죠.

- 마지막으로 본 영화가 뭐였어요?

## What was the last movie you saw?
왓 워즈 더 라슷 무비 유 쏘

'(그 영화) 누가 감독했어요?'는 Who directed the movie?

**Real Talk**
A  How was it?
B  It was really boring. It was not as interesting as I expected.

어땠어요?
정말 지루했어요. 기대했던 것만큼 재미있지 않았어요.

→ '재미있는 영화였어요.'는 It was really superb[great, wonderful].

- 좋아하는 배우는 누구예요?

## Who's your favorite actor or actress?
후쥬어 페이버릿 액터 오어 액트러스

## 11 취미와 여가

- 한때 영화배우들 사진을 수집했었어요.

**I once collected photos of movie stars.**
아이 원스 컬렉티드 포토스 옵 무비 스타스

- 드라이브 인 극장에 가보고 싶어 죽겠어요.

**I'm dying to go to a drive-in theater.**
아임 다잉 투 고 투 어 드라이브-인 씨어터

- 연극 구경하는 것을 좋아합니다.

**My favorite pastime is going to the theater.**
마이 페이버릿 패슷타임 이즈 고잉 투 더 씨어터

'가끔 오페라나 발레도 보러 갑니다.'는 I go to the opera or ballet once in a while.

- 햄릿을 보러 갑시다. 지난번에 보지 못했어요.

**Let's go to see Hamlet. We missed it last time.**
렛츠 고 투 씨 햄릿. 위 미스팃 래슷 타임

'예매권을 세 장 샀어요.'는 I've bought three tickets in advance. '표는 항상 전화로 예매합니다.'는 I usually order tickets by telephone.

A  Are there any good plays on?
B  Yes. 'Queen Myungsung' at the moment.

공연하고 있는 괜찮은 연극 있어요?
'명성황후'가 있어요.

# 12 은행과 우체국

**Can I cash these checks?**
캔 아이 캐쉬 디즈 첵스

**Fine. How much for?**
파인 하우머치 풔

이제는 해외여행을 할 때에도 신용카드를 많이 사용하니까 은행을 찾을 일이 좀 줄어들긴 했어요. 하지만 신용카드를 사용할 수 없는 지역도 생각보다 꽤 많기 때문에 은행 업무에 관한 표현은 여전히 필요하답니다. Where can I find the bank?(은행은 어디에 있어요?) Change these to dollars, please.(달러로 바꿔 주세요.) 그리고 혹시 장기간 체류하는 경우에는 은행에 계좌를 만들어 놓는 것이 여러 가지로 편리하니까 I would like to open an account.(계좌를 개설하고 싶습니다.)도 알아두세요.

## 12 은행과 우체국

### 은행에서

- 백 달러 지폐를 바꿔 주시겠습니까?

**Could you change a 100-dollar bill for me?**
쿠쥬 체인쥐 어 원 헌드레드 달러 빌 풔 미

- 10달러 지폐 5장과 5달러 지폐 10장을 주십시오.

**Five tens(ten dollar bills) and ten fives(five dollar bills), please.**
파이브 텐스(텐 달러 빌스) 앤 텐 파이브스(파이브 달러 빌스), 플리즈

'5달러 지폐 8장, 50센트 주화 10개, 나머지는 10센트 주화로 주십시오.'는 Give me eight fives, ten half dollars, and the rest in dimes, please.라고 하면 된다.

A  Can I change some money here?
B  No, sir. You've got to go to window 5.

여기서 환전할 수 있습니까?
아뇨. 5번 창구로 가셔야 해요.

- 이 수표를 현금으로 바꿔 주시겠습니까?

**Can I cash these checks?**
캔 아이 캐쉬 디즈 첵스

A  I'd like to cash some traveler's checks, please.
B  Fine. How much for?
A  One hundred and fifty dollars.

여행자 수표를 현금으로 바꿔주세요.
좋습니다. 얼마입니까?
150달러입니다.

- 수표마다 이서를 해야 합니까?

### Is it necessary to sign each check?
이짓 네서세리 투 싸인 이치 첵

'(수표에) 서명하다'는 countersign을 쓸 수도 있다.

- 외환창구는 어디입니까?

### Which window is the foreign exchange section, please?
위치 윈도우 이즈 더 포린 익스체인쥐 섹션, 플리즈

> **Real Talk**
> A What's the exchange rate today?
> B The current rates are on the notice board, madam.
> 오늘의 환율은 얼마입니까? / 현재의 환율은 게시판에 있습니다.
> → '환율'은 the exchange rate, '환산표'는 a conversion table이라고 한다.

- 미국 달러를 영국 파운드로 환전하고 싶습니다.

### I'd like to change American dollars into British pounds.
아이드 라익 투 체인쥐 어메리컨 달러스 인투 브리티쉬 파운즈

- 호주 달러는 지금 얼마입니까?

### How much is the Australian dollar now?
하우 머취 이즈 디 오스트레일리언 달러 나우

- 미국 달러와 한국 원과의 환율은 얼마입니까?

### Would you tell me what the exchange rate is for U. S. dollars to Korean won?
우쥬 텔 미 왓 디 익스체인쥐 레이트 이즈 풔 유에스 달러스 투 코리언 원

227

## 12 은행과 우체국

- 원화로 얼마가 됩니까?

    **How much will that be in won?**
    하우 머취 윌 댓 비 인 원

- 1달러에 1200원입니까?

    **Is it 1200 won to the dollar?**
    이즈 잇 원 싸운젼드 투 헌드레드 원 투 더 달러

- 예금을 하고 싶습니다.

    **I'd like to make a deposit.**
    아이드 라익 투 메이커 디파짓

- 계좌를 개설하고 싶습니다.

    **I'd like to open an account.**
    아이드 라익 투 오픈 언 어카운트

- 보통예금 계좌로 해주십시오.

    **A regular savings account, please.**
    에이 레귤러 세이빙스 어카운트, 플리즈

    bank account(은행예금 계좌), (regular) savings account(보통예금 계좌), checking account(당좌예금 계좌) 등은 알아두자.

- 제 계좌를 이 은행으로 바꾸고 싶습니다.

    **I'd like to change my account to this bank.**
    아이드 라익 투 체인쥐 마이 어카운트 투 디쓰 뱅크

- 정기예금과 적립예금은 어느 것이 좋습니까?

    **Which would you recommend, a fixed deposit or an installment deposit?**
    위치 우쥬 리컴멘드, 어 픽스트 디파짓 오어 언 인스톨먼트 디파짓

    '적립예금'은 cumulative deposit이라고도 한다.

- 이자율은 얼마입니까?

### What are the interest rates?
윗 알 디 인터리스트 레이츠

- 용지에 다 기입했습니다.

### I've finished filling out the form.
아이브 피니쉬드 필링 아웃 더 폼

- 당좌예금 계좌로 직접 불입할 수 있습니까?

### Can I have money sent direct to my checking account?
캔 아이 햅 머니 센트 다이렉트 투 마이 첵킹 어카운트

- 투자신탁을 취급하고 있습니까?

### Do you deal with investment trusts here?
두 유 딜 위드 인베스트먼트 트러스츠 히어

- 여행자 수표를 사고 싶습니다.

### I'd like to buy some traveler's checks.
아이드 라익 투 바이 썸 트래벌러스 첵스

- 300달러짜리 수표를 주십시오.

### Let me have 300 dollars worth of checks.
렛 미 햅 쓰리 헌드레드 달러스 월쓰 옵 첵스

### I'd like a check for 300 dollars.
아이드 라이커 첵 풔 쓰리 헌드레드 달러스

'수표책'은 check-book이라고 한다.

- 1,500달러를 인출하고 싶습니다.

### I'd like to withdraw 1,500 dollars.
아이드 라익 투 위드로우 원 싸운전드 파이브 헌드레드 달러스

## 12 은행과 우체국

- 제 잔고를 가르쳐 주시겠어요?

**Could you tell me how much the balance is?**
쿠쥬 텔 미 하우 머취 더 밸런스 이즈

- 현금자동지급기는 어디 있습니까?

**Where are the cash machines[ATM machines], please?**
웨어라 더 캐쉬 머신스[에이티엠 머신스] 플리즈

- 대출을 받을 수 있습니까?

**Could I get a loan?**
쿠다이 게러 론

- 장기 대출제도에 대해 알고 싶습니다.

**I'd like to know about the long-term loan system.**
아이드 라익 투 노우 어바웃 더 롱-텀 론 시스템

### 우체국에서

- 13센트 우표를 5장 주십시오.

**Five 13-cent stamps, please.**
파이브 써틴-센트 스탬프스, 플리즈

'20센트 우표 10장'은 (I'd like) Ten 20-cents stamps, please.

- 항공봉함 엽서를 10장 주십시오.

**Ten aerograms, please.**
텐 에어로그램스, 플리즈

**Ten air letters, please.**
텐 에어 래터스, 플리즈

- 이 편지의 요금은 얼마입니까?

### What's the postage for this letter?
왓스 더 포스티쥐 풔 디쓰 래터

- 항공우편요율은 얼마입니까?

### What's the air mail rate?
왓스 디 에어 메일 레이트

### What's the rate for air mail?
왓스 더 레이트 풔 에어 메일

'요금 일람표'처럼 리스트로 되어 있는 '요금'은 rate을 쓴다. '선편'은 surface mail이라고 한다.

- 이것을 등기우편으로 해주십시오.

### I'd like to have this registered.
아이드 라익 투 햅 디쓰 레지스터드

### I want to send this by registered mail.
아이 원 투 샌드 디쓰 바이 레지스터드 메일

- 속달로 보내주세요.

### Send it by special delivery, please.
샌딧 바이 스페셜 딜리버리, 플리즈

### I'd like to send this by express delivery.
아이드 라익 투 샌드 디쓰 바이 익스프레스 딜리버리

- 이것을 런던으로 부치고 싶습니다. 크리스마스까지는 도착할까요?

### I'd like to send this to London. Will it get there by Christmas?
아이드 라익 투 샌드 디쓰 투 런던. 윌 잇 겟 데어 바이 크리스마스

'소포'는 parcel 또는 package라고 한다.

- 로스앤젤레스에 편지가 도착하는데 얼마나 걸립니까?

### How long will it take to get to Los Angeles?
하우 롱 윌 잇 테익 투 겟 투 로스 엔젤러스

## 12 은행과 우체국

When will it get there?(언제 도착합니까?)라고 물어도 좋다.

- **더 빠른 방법으로 보내고 싶습니다.**

  **I'd like to send it a quicker way.**

  아이드 라익 투 샌드 잇 어 퀵커 웨이

- **이것은 한국으로 보내는데 얼마입니까?**

  **How much does it cost to send this to Korea?**

  하우 머취 더짓 코스트 투 샌드 디쓰 투 코리아

- **한국으로 우편환을 보내고 싶습니다.**

  **I'd like to send a money order to Korea.**

  아이드 라익 투 샌더 머니 오더 투 코리어

  '우편환'은 (postal) money order라고 한다.

- **여기에는 무엇을 써야 합니까?**

  **What do I have to fill in here?**

  왓 두 아이 햅 투 필 인 히어

- **발신인의 이름과 주소는 어디에 써야 합니까?**

  **Where should I write the sender's name and address?**

  웨어 슈다이 롸잇 더 샌더스 네임 앤 어드레스

  '수취인'은 receiver, '수취인 주소'는 address, '발송지'는 forwarding address이다. '친전'은 confidential로 나타낸다.

- **우편번호는 130-110입니다.**

  **The zip code is 130-110.**

  더 집 코드 이즈 원 쓰리 쥐로-원 원 쥐로

# 13 건강과 병원

I have a slight cold.
아이 해버 슬라잇 콜드

I hope you get better soon.
아이 호프 유 겟 배러 쑨

현대인의 가장 큰 관심사 중 하나는 바로 건강이죠. 날씨 얘기 다음엔 건강 얘기 랄 정도로 어딜 가나 화제의 중심일 경우가 많아요. 다이어트, 건강식품, 병원, 약, 민간요법 등 얘기거리도 무궁무진하구요. 초보자는 그저 상대의 건강에 관심을 보이는 간단한 표현, You look a bit pale.(안색이 안 좋네요.) What's the matter with you?(무슨 일 있어요?) 정도만 알고 있어도 다양한 상황에 쓸 수 있어요. 그리고 해외여행을 가서 아플 때를 대비해서 병원 이용에 필요한 최소한의 기본 표현은 알아두세요.

13 건강과 병원

## 건강을 물을 때

■ 건강이 좋지 않아 보이네요, 그렇죠?

### You aren't looking very well, are you?
유 안트 룩킹 베리 웰, 알 유

### You aren't looking yourself.
유 안트 룩킹 유어셀프

A Good morning, Jeff. How are you this morning?
B I'm fine, thank you, and how are you?

안녕하세요, 제프. 오늘 아침 어떠세요?
좋아요. 당신은 어때요?

→ 건강이 좋다면 Pretty well, thanks./No problems.라고 하면 되지만 건강이 좋지 않을 때는 어떻게 말하는지 다음에서 알아두자.

A How are you feeling today?
B Not too well, I'm afraid. I have a terrible headache.

오늘 기분이 어떠세요? / 별로입니다. 두통이 심해요.

■ 기분이 좋지 않지요?

### Aren't you feeling well?
안츄 필링 웰

A Are you all right, Joe? You don't look at all well.
B I don't feel well, actually. In fact, I feel terrible.

조, 괜찮아요? 전혀 좋아 보이지 않는데요.
사실, 좋지 않아요. 몸이 많이 아파요.

- 안색이 좀 좋지 않아 보이는군요.

### You look a bit pale.
유 룩커 빗 페일

같은 식으로 You look a bit tired.(좀 피곤해 보이는군요.) 또는 You look a bit sleepy.(졸린 것 같군요.)라고 말을 해도 좋다.

- 무슨 일 있어요?

### What's the matter?
왓스 더 매터

### What's the matter with you?
왓스 더 매터 위듀

### What's wrong with you?
왓스 렁 위듀

A  Is anything the matter with you?
B  Oh, nothing. Please don't worry.

무슨 일 있어요? / 아무 일 없어요. 걱정 마세요.

- 기분이 아주 좋지 않습니다. 멀미가 나요.

### I feel awful. I'm afraid I'm carsick.
아이 필 어풀. 아임 어프레이드 아임 카씩

'숙취인 것 같습니다.'는 I'm afraid I have a hangover.

- 얼굴이 붉군요.

### Your face is flushed.
유어 페이스 이즈 플러쉬드

- 발이 어떻게 된 거예요?

### What's the matter with your foot?
왓스 더 매터 위듀어 풋

## 13 건강과 병원

**Real Talk**

A Would you like to see the doctor?
B No, thank you. I could manage.

의사에게 진찰 받으시겠어요? / 아뇨, 됐어요. 괜찮아요.

→ manage는 '요령껏 이리저리 하여 ~해내다' 라는 의미로 I think I can manage by myself.(혼자서 어떻게 할 수 있을 것 같아요.)처럼 이용한다.

A Hello, Greg. Are you feeling any better today?
B Yes, a little, thanks.
A Good. You really looked awful yesterday.

안녕하세요, 그레그. 오늘은 좀 좋아졌어요?
예, 조금이요.
좋아요. 어제는 정말 안 좋아 보였어요.

- 목소리가 쉬었어요.

### Your voice is hoarse.
유어 보이스 이즈 홀스

- 다 나았습니까?

### Are you completely better?
알 유 컴플리트리 배러

- 아무렇지도 않습니다.

### Nothing's wrong with me.
낫씽스 렁 위드 미

- 괜찮습니다. 걱정하지 마세요.

### I'm all right. Don't worry about me.
아임 올 롸잇. 돈트 워리 어바웃 미

- 컨디션이 좋아요.

   **I'm in good shape.**
   아임 인 굿 셰입

- 어제는 좋지 않았는데 오늘은 많이 좋아졌어요.

   **I felt terrible yesterday, but I'm much better today.**
   아이 펠트 테러블 예스터데이, 벗 아임 머취 배러 투데이

- 다 나았습니다. 다시 건강하게 움직일 수 있습니다.

   **I'm completely better. I'm up and about again.**
   아임 컴플리틀리 배러. 아임 업 앤 어바웃 어게인

   up and about은 '(환자가) 좋아져서, 일어나, 활동하여'. 미국에서는 up and around 라고도 한다.

## 감기에 걸렸을 때

- 몸이 좀 아픕니다.

   **Something's wrong with me.**
   썸씽스 렁 위드 미

- 감기에 걸린 것 같습니다.

   **I think I'm catching a cold.**
   아이 씽크 아임 캐칭 어 콜드

- 감기 기운이 좀 있습니다.

   **I've caught a bit of a cold.**
   아이브 카웃 어 빗 옵 어 콜드

   **I've got a touch of (the) flu.**
   아이브 가러 어 터취 옵 (더) 플루

237

13  건강과 병원

## I have a slight cold.
아이 해버 슬라잇 콜드

influenza는 회화에서는 (the) flu라고 하는 게 보통이다.

**Real Talk**
- A  You don't look very well. What's wrong?
- B  Oh, nothing much. I've just got a bit of a cold. Don't worry.
- A  I seem to have caught the flu or something, but I'm not too bad.
- B  Oh, I'm sorry to hear that. There seems to be a lot of flu about.

좋아 보이지 않는데 어디 아프세요?
대단치 않아요. 감기 기운이 있어요. 걱정하지 마세요.
감기 같은 게 걸린 것 같은데 대단치는 않아요.
안됐군요. 요즘 감기가 유행하는 것 같아요.

→ about은 '여기저기에'라는 뜻

- 심한 감기에 걸렸습니다.

## I have a terrible cold.
아이 해버 테러블 콜드

- 또 감기에 걸린 것 같습니다.

## I'm afraid I've caught another cold.
아임 어프레이드 아이브 코웃 어나더 콜드

- 감기라도 걸린 것 같군요.

## It sounds to me as if you've got (the) flu.
잇 사운즈 투 미 애지프 유브 갓 (더) 플루

- 오한이 납니다.

  **I feel chilly.**
  아이 필 칠리

- 열이 좀 있습니다.

  **I have a slight fever.**
  아이 해버 슬라잇 피버

  **I think I have a little fever.**
  아이 씽크 아이 해버 리틀 피버

  **I feel a little feverish.**
  아이 필 어 리틀 피버리쉬

  열이 있다는 것은 I've got a fever. 또는 I've got a temperature.라고도 한다.

- 노곤합니다.

  **I feel languid.**
  아이 필 랭귀드

  **I feel dull.**
  아이 필 덜

- 노곤해서 일하고 싶은 생각이 없어요.

  **I feel dull, and don't feel much like working.**
  아이 필 덜, 앤 돈트 필 머취 라익 워킹

- 온몸이 쑤십니다.

  **My body aches all over.**
  마이 바디 에익스 올 오버

  **I ache all over.**
  아이 에익 올 오버

- 기운이 없습니다.

  **I feel run down.**
  아이 필 런 다운

## 13  건강과 병원

- 코감기에 걸렸습니다.

  **I have a cold in the nose.**
  아이 해버 콜드 인 더 노스

  **I've got a head cold.**
  아이브 가러 해드 콜드

- 코가 막혔어요.

  **My nose is stuffy.**
  마이 노우즈 이즈 스터피

- 콧물이 납니다.

  **I have a running nose.**
  아이 해버 러닝 노우즈

  **I have a runny nose.**
  아이 해버 러니 노우즈

A  You look very pale. Are you all right?
B  No, I'm not. I can't stop coughing and I'm sure I've got a temperature.

안색이 좋지 않군요. 괜찮으세요?
좋지 않아요. 기침이 멈추지 않고 열이 있어요.

- 목이 아픕니다.

  **My throat is sore.**
  마이 쓰롯 이즈 쏘어

  **I've got a sore throat.**
  아이브 가러 쏘어 쓰롯

- 감기가 좀처럼 떨어지지 않습니다.

  ### I can't shake off my cold.
  아이 캔트 쉐익 오프 마이 콜드

  ### I can't get rid of this cold.
  아이 캔트 겟 리드 옵 디쓰 콜드

  A Aren't you taking any medicine?
  B Of course I am, but it doesn't seem to do much good.

  약 안 드셨어요? / 먹었어요. 그런데 잘 듣지 않는 것 같네요.

  → '약효가 있다, 약이 잘 듣는다.'는 It works well.이라고 한다.

- 이제 감기가 빨리 나았으면 좋겠어요.

  ### I hope my cold is going now.
  아이 홉 마이 콜드 이즈 고잉 나우

- 이제 감기가 다 나았습니까?

  ### Have you got rid of your cold?
  해뷰 갓 리드 옵 유어 콜드

  ### Did you get over your cold yet?
  디쥬 겟 오버 유어 콜드 옛

  A Have you got over your cold?
  B Yes, I have. I was in bed all weekend, but I feel much better now, thank you.

  감기 다 나았어요?
  예, 주말에는 하루 종일 누워 있었는데 덕분에 지금은 많이 좋아졌어요.

  → '다 나았다'라는 I'm completely better./I've got over it. 등의 표현을 알아두자.

241

## 13 건강과 병원

### 상대방을 걱정하는 말

- 안됐군요.

  **That's too bad.**
  댓스 투 뱃

  **I'm very sorry to hear that.**
  아임 베리 쏘리 투 히어 댓

- 빨리 나으시길 바랍니다.

  **I hope you get better soon.**
  아이 호퓨 겟 배러 쑨

- 건강 조심하세요.

  **Please take good care of yourself.**
  플리즈 테익 굿 케어롭 유어셀프

  이런 말을 들으면 I will, thank you. You, too.라고 응답한다.

- 좀 쉬는 게 어때요?

  **Why don't you take a short rest?**
  와이 돈츄 테이커 숏 레슷

- 좀 누워 있어야겠어요.

  **You should lie down for a while.**
  유 슈드 라이 다운 풔러 와일

- 하루 쉬셔야 해요.

  **You should take the day off.**
  유 슈드 테익 더 데이 오프

- 의사에게 진찰 받는 게 좋을 것 같습니다.

  **I think you should see the doctor.**
  아이 씽큐 슈드 씨 더 닥터

### I think you ought to see the doctor.
아이 씽큐 오웃 투 씨 더 닥터

- 열을 재보지 그러세요?

### Why don't you take your temperature?
와이 돈츄 테이큐어 템퍼레춰

- 이마에 손을 대볼게요.

### Let me feel your forehead.
렛 미 필 유어 풔헤드

이렇게 말하고 나서 Mmm, that's really burning. You've certainly got a fever. (음, 정말 뜨겁군요. 열이 있어요.) 등으로 말할 수 있다.

- 아스피린 같은 거 드셨어요?

### Have you taken any aspirin or anything like that?
해뷰 테이큰 애니 애스퍼린 오어 애니씽 라잌 댓

- 이 알약은 정말 잘 들어요.

### I'm sure these tablets will do you a lot of good.
아임 슈어 디즈 태블럿스 윌 두 유 어 랏 옵 굿

- 이 파스를 아픈 곳에 붙이는 게 어때요?

### How about putting this plaster on where it hurts?
하우 어바웃 푸팅 디쓰 플래스터 온 웨어릿 헐츠

- 건강은 자신이 돌봐야 해요.

### We must look after ourselves.
위 머스트 룩 애프터 아워셀브즈

## 13 건강과 병원

- 나이가 들어가잖아요.

**We're getting old, you know.**
위어 게링 올드, 유 노우

### 의원·종합병원

- 외래환자 입구는 어디입니까?

**Where's the entrance for out-patients?**
웨어즈 디 엔터런스 풔 아웃-페이션츠

- 접수창구는 어디입니까?

**Where's the reception desk, please?**
웨어즈 더 리셉션 데스크, 플리즈

- 오늘이 초진입니다.

**This is my first visit.**
디쓰 이즈 마이 퍼슷 비지트

- 접수용지는 어디에 있습니까?

**Where can I get a registration form?**
웨어 캔 아이 게러 레지스트레이션 폼

- 의료보험증 여기 있습니다.

**Here's my health insurance certificate.**
히어즈 마이 핼스 인슈어런스 서티피케이트

- 의료보험증은 여기에 제출해야 합니까?

**Do I have to submit my insurance form here?**
두 아이 햅 투 써브미트 마이 인슈어런스 폼 히어

 **Real Talk**

A  Hello. My name's Park. I called earlier for an appointment.
B  Oh, yes, Mr. Park. Would you please have a seat? The doctor will be with you in a few minutes.

안녕하세요. 앞서 전화로 예약한 박입니다.
예, 박 선생님, 앉으세요. 잠시 후에 진찰 받으실 수 있습니다.

- 10시 30분에 진료 예약을 했습니다.

  ## I have an appointment to see the doctor at 10:30.
  아이 해번 어포인트먼트 투 씨 더 닥터 앳 텐 써티

- 병력을 써넣어야 합니까?

  ## Do I have to fill out a health history form?
  두 아이 햅 투 필 아웃 어 핼쓰 히스토리 폼

- 톰슨 박사님은 지금 진료 중입니까?

  ## Is Dr. Thompson engaged now?
  이즈 닥터 톰슨 인게이지드 나우

- 이 병원은 몇 시부터 몇 시까지 진료합니까?

  ## What hours is the hospital open?
  윗 아월스 이즈 더 하스피털 오픈

- 안과는 어디 있습니까?

  ## Where can I see an oculist?
  웨어 캔 아이 씨 언 어큘리스트

  ## Where can I see an eye doctor?
  웨어 캔 아이 씨 언 아이 닥터

## 13  건강과 병원

- **이비인후과 전문의의 진료를 받고 싶습니다.**

### I'd like to see an ear, nose and throat specialist.
아이드 라익 투 씨 언 이어, 노우즈 앤 쓰롯 스페셜리스트

'일반 개업의사'는 general practitioner, '가정 주치의'는 family doctor, '전문의'는 specialist라고 한다. 예를 들면 '전문의'는 eye specialist, '이비인후과 전문의'는 ear, nose and throat specialist(ENT doctor)라고 한다.

- **신경과는 있습니까?**

### Do you have a neurology department?
두 유 해버 뉴럴러지 디파트먼트

'산과 의사'는 obstetrician, '부인과 의사'는 gynecologist, '소아과 의사'는 pediatrician이라고 하는데 이런 말을 모르면 women's doctor, child doctor(또는 children's doctor)라고 해도 좋다.

- **진료실은 어디입니까?**

### Where's the consultation room, please?
웨어즈 더 컨설테이션 룸, 플리즈

- **클라크 박사님이 소개해 주셨습니다.**

### Dr. Clark has referred me to you.
닥터 클라크 해즈 리퍼드 미 투 유

- **왕진하실 수 있습니까?**

### Do you make house calls?
두 유 메익 하우스 콜스

- **진찰하지 않고 약만 탈 수 있습니까?**

### Can I get some medicine without being examined?
캔 아이 겟 썸 메디슨 위드아웃 빙 익제민드

'진찰'은 examination, consultation, '진단'은 diagnosis라고 한다.

## 의사에게 증상을 설명할 때

- 항상 피곤한데 푹 자지 못해요.

### I'm tired all the time and can't sleep well.
아임 타이어드 올 더 타임 앤 캔ㅌ 슬립 웰

**Real Talk**
A So, what seems to be the problem?
B I think I'm coming down with the flu. I'm a bit feverish.
A Hmm, let's take your temperature now.

그런데, 어디가 아프신 겁니까?
감기에 걸린 것 같습니다. 열이 좀 납니다. / 음, 열을 재볼까요.

→ What seems to be the matter?/What's your complaint?는 의사가 진찰을 시작할 때 흔히 하는 말이다.

- 어깨가 뻐근합니다.

### I've got a stiff shoulder.
아이브 가러 스티프 숄더

- 쉽게 숨이 찹니다.

### I get out of breath easily.
아이 겟 아웃 옵 브래쓰 이질리

**Real Talk**
A How about coughing?
B Yes, I have a bad cough.

기침이 납니까? / 예, 심합니다.

→ How about chills?(오한은 있습니까?)처럼 "How about ~?"으로 물을 수 있다.

247

## 13  건강과 병원

- 때때로 구역질이 납니다.

  **I sometimes feel nauseated.**
  아이 썸타임즈 필 노지에잇티드

- 식욕이 없습니다.

  **I don't have any appetite.**
  아이 돈ㅌ 해배니 애피타잇

  **I don't feel like eating.**
  아이 돈ㅌ 필 라익 이팅

  How's your appetite?(식욕은 어떠세요?)이라고 물으면 이렇게 대답할 수 있다.

- 배가 아픕니다.

  **My stomach is upset.**
  마이 스터먹 이즈 업셋

- 가슴앓이를 하고 있습니다.

  **I have heartburn.**
  아이 햅 허트번

- 설사를 합니다.

  **I have loose bowels.**
  아이 햅 루즈 바월스

  **I'm suffering from diarrhea.**
  아임 섭퍼링 프럼 다이어리어

- 변비가 있습니다.

  **I'm constipated.**
  아임 칸스티패이티드

  **I'm suffering from constipation.**
  아임 섭퍼링 프럼 칸스티패이션

- 소화불량으로 고생하고 있습니다.

  **I'm suffering from indigestion.**

  아임 섭퍼링 프럼 인디제스천

- 간에 문제가 있습니다.

  **I have liver trouble.**

  아이 햅 리버 트러블

- 오른쪽 발에 물집이 생겼습니다.

  **I've got blisters on my right foot.**

  아이브 갓 블리스터스 온 마이 롸잇 풋

  '발에 티눈이 생겼다.'는 I've got corns on my foot. '무좀'은 athlete's foot이라고 한다.

- 왼쪽 발목을 삐었습니다.

  **I've sprained my left ankle.**

  아이브 스프레인드 마이 래프트 앵클

  이어서 I fell yesterday and twisted my ankle. It seems to be worse today. (어제 넘어져서 발목을 삐었는데 오늘은 더 아픈 것 같아요.)라고 설명한다. 또한 '골절'은 fracture, '탈골'은 dislocation이라고 한다.

- 무릎이 벗겨졌습니다.

  **I've skinned my knee.**

  아이브 스킨드 마이 니

- 발가락이 부었습니다.

  **My toe is swollen.**

  마이 토우 이즈 스월른

- 때때로 현기증이 납니다.

  **I sometimes feel dizzy.**

  아이 썸타임즈 필 디지

## 13 건강과 병원

- 오른쪽 귀가 멍멍합니다.

**My right ear is ringing.**
마이 라잇 이어 이즈 링잉

- 꽃가루 알레르기가 있습니다.

**I'm allergic to pollen.**
아임 얼러직 투 팔른

- 생리가 불규칙합니다.

**My periods are irregular.**
마이 피리어즈 알 이레귤러

- 오랫동안 생리를 하지 않았습니다.

**I haven't had a period for a long time.**
아이 해븐ㅌ 해더 피리어드 풔러 롱 타임

'임신하다'는 I'm pregnant.

- 몸무게가 줄고 있습니다.

**I'm losing weight.**
아임 루징 웨잇

 **Words Plus**

**증상을 나타내는 표현 〈I have ~형〉**

| · 감기에 걸렸다. | I have a cold. |
| · 머리가 아프다. | I have a headache. |
| · 배가 아프다. | I have a stomachache. |
| · 이가 아프다. | I have a toothache. |
| · 허리가 아프다. | I have a backache. |
| · 귀가 아프다. | I have an earache. |
| · 목이 아프다. | I have a sore throat. |
| · 으슬으슬 춥다. | I have a chill. |

| | |
|---|---|
| · 콧물이 난다. | I have a runny nose. |
| · 설사를 한다. | I have diarrhea. |
| · ~에 베었다. | I have a cut on my ~. |
| · ~에 멍이 들었다. | I have a bruise on my ~. |
| · 쥐가 난다. | I have cramps. |
| · ~가 부러졌다. | I have a broken ~. |
| · ~에 화상을 입었다. | I have a burn on my ~. |

## 아픈 곳을 말할 때

- 가슴이 아픕니다.

    **I've got a pain in my chest.**
    아이브 가러 페인 인 마이 체스트

- 무릎이 좀 아픕니다.

    **I've got a slight pain in my knee.**
    아이브 가러 슬라잇 페인 인 마이 니

- 눈이 아픕니다.

    **My eyes are sore.**
    마이 아이즈 알 쏘어

- 멍든 데가 아직 아픕니다.

    **My bruise is still sore.**
    마이 브루즈 이즈 스틸 쏘어

## 13 건강과 병원

- 왼쪽 귀가 아픕니다.

**My left ear hurts.**
마이 래프트 이어 헐츠

- 오른쪽 어깨가 쑤십니다.

**My right shoulder aches.**
마이 롸잇 숄더 에익스

- 머리가 깨지는 것처럼 아픕니다.

**I've got a splitting headache.**
아이브 가러 스플리팅 해데익

'아픔'을 나타내는 가장 일반적인 말이 pain으로 조금 아플 때나 몹시 아플 때 언제라도 쓸 수 있다. ache는 몸의 일부에 오래 계속되는 통증을 말하는 것으로 headache(두통), stomachache(복통), toothache(치통) 등이 이에 해당한다.

> **Real Talk**
> A  Does it hurt anywhere?
> B  Oh, yes. My knees, my elbow, … and here.
> 어디가 아픕니까? / 예, 무릎, 팔꿈치, … 그리고 여기입니다.
> → 손가락으로 아픈 곳을 가리킬 수도 있다. '아무데도 아픈 데는 없습니다.'는 I don't feel any pain at all.

- 등이 뻐근합니다.

**I've got a dull pain in the back.**
아이브 가러 덜 페인 인 더 백

- 장이 아픕니다.

**I have a griping pain in the bowels.**
아이 해버 그리핑 페인 인 더 보울스

- 왼쪽 눈이 따끔거립니다.

    **I have a throbbing pain in the left eye.**
    아이 해버 쓰라빙 페인 인 더 래프트 아이

- 배가 너무 아파서 참을 수가 없습니다.

    **I've got a terrible stomachache. I can't stand it.**
    아이브 가러 테러블 스터먹에익. 아이 캔ㅌ 스탠딧

- 허리 주위가 아픕니다.

    **I have pains all around the waist.**
    아이 햅 페인스 올 어아룬드 더 웨이스트

- 바로 여기가 아픕니다.

    **It hurts right here.**
    잇 헐츠 롸잇 히어

    '아, 아파!' 라고 외치는 것은 Ouch!이다.

- 턱을 움직일 때 아주 아픕니다.

    **I have an acute pain when I move my jaw.**
    아이 해번 어큐트 페인 웬 아이 무브 마이 줘

- 숨을 쉴 때 가슴이 아픕니다.

    **My chest hurts when I breathe.**
    마이 체슷 헐츠 웬 아이 브래쓰

- 조금만 스쳐도 아픕니다.

    **It hurts even when I touch it lightly.**
    잇 헐츠 이븐 웬 아이 터취 잇 라이틀리

- 누르면 좀 나아집니다.

    **It feels a little better when I press it.**
    잇 필스 어 리틀 배러 웬 아이 프레스 잇

## 13 건강과 병원

- 관절이 때때로 아픕니다.

  **My joints sometimes ache.**
  마이 조인트스 썸타임즈 에익

- 걸을 때 사타구니가 아픕니다.

  **I have a pain in my groin when I walk.**
  아이 해버 페인 인 마이 그로인 웬 아이 월크

- 쥐가 나서 죽겠습니다.

  **This cramp pain is killing me.**
  디쓰 크램 페인 이즈 킬링 미

- 3일 전부터 아프기 시작했습니다.

  **The pain started three days ago.**
  더 페인 스타티드 쓰리 데이즈 어고우

- 이제 아프지 않습니다.

  **The pain has gone.**
  더 페인 해즈 곤

## 약을 살 때

- 이것은 복통에 잘 듣습니까?

  **Is this good for stomachaches?**
  이즈 디쓰 굿 풔 스터먹에익스

- 감기약을 주시겠어요?

  **Can you give me something for a cold?**
  캔 유 깁 미 썸씽 풔러 콜드

- 일반 감기 같습니다.

    **I think it's a common cold.**
    아이 씽크 잇서 커먼 콜드

- 변비에는 어떤 약이 좋습니까?

    **What would you recommend for constipation?**
    왓 우쥬 리커멘드 풔 칸스티페이션

- 여기에 몇 정이 들어 있습니까?

    **How many tablets does this contain?**
    하우 매니 태블럿스 더즈 디쓰 컨테인

- 이 약을 먹으면 통증이 가라앉습니까?

    **Will this medicine relieve my pain?**
    윌 디쓰 메디슨 릴리브 마이 페인

- 피로한 눈에는 무엇이 좋습니까?

    **What's a good remedy for fatigued eyes?**
    왓쎄 굿 레머디 풔 퍼티그드 아이즈

- 연고를 주십시오.

    **I'd like some ointment.**
    아이드 라익 썸 오인트먼트

- 안약을 주십시오.

    **I'd like some eyedrops.**
    아이드 라익 썸 아이드랍스

- 살이 튼 데 잘 듣는 약 있습니까?

    **Do you have anything good for chapped skin?**
    두 유 햅 애니씽 굿 풔 챕트 스킨

## 13 건강과 병원

- 이 약은 제게 잘 듣지 않아요.

    **This drug is no good for me.**
    디쓰 드럭 이즈 노 굿 풔 미

- 붕대와 탈지면을 주십시오.

    **Some bandages and cotton wool, please.**
    썸 밴디쥐스 앤 커튼 울, 플리즈

- 거즈와 고약을 주십시오.

    **I'd like some gauze and plasters.**
    아이드 라익 썸 거즈 앤 플래스터스

- 소형 구급상자를 주십시오.

    **I want a small first-aid kit.**
    아이 원트 어 스몰 퍼슷-에이드 킷

- 디지털 체온계 있습니까?

    **Do you have a digital thermometer?**
    두 유 해버 디지털 써마미터

- 처방 없이 수면제를 살 수 있습니까?

    **Can I buy some sleeping pills without a prescription?**
    캔 아이 바이 썸 슬리핑 필스 위드아웃 어 프리스크립션

- 한방약은 취급하지 않습니까?

    **Don't you handle Chinese herbal medicines?**
    돈츄 핸들 차이니즈 어벌 메디슨스